나는 왜 그런 꿈을 꾸었을까

★ 경이로운 꿈의 메시지와 친해지기 ★

나는 왜 그런 꿈을 꾸었을까
나는 왜 그런 꿈을 꾸었을까
나는 왜 그런 꿈을 꾸었을까

아테나 라즈 지음 l 김정은 옮김

정신세계사

나는 왜 그런 꿈을 꾸었을까

ⓒ 아테나 라즈, 2021

아테나 라즈 짓고, 김정은 옮긴 것을 정신세계사 김우종이 2022년 1월 7일 처음 펴내다.
이현율과 배민경이 다듬고, 변영옥이 꾸미고, 한서지업사에서 종이를, 영신사에서 인쇄와 제본을,
하지혜가 책의 관리를 맡다. 정신세계사의 등록일자는 1978년 4월 25일(제2021-000333호),
주소는 03965 서울시 마포구 성산로4길 6 2층, 전화는 02-733-3134, 팩스는 02-733-3144이다.

2022년 1월 7일 펴낸 책(초판 제1쇄)

ISBN   978-89-357-0453-8 03180

홈페이지 mindbook.co.kr | 인터넷 카페 cafe.naver.com/mindbooky | 유튜브 youtube.com/innerworld |
인스타그램 instagram.com/inner_world_publisher

제드 ^{Jed}에게 바칩니다.

차 례

나는 꿈꾸기 위해 잠든다

여자는 어떻게 이 장소 혹은 이 시간에 오게 되었는지 전혀 기억이 없다. 자신이 자갈 깔린 울퉁불퉁한 도로에 맨발로 서 있다는 것만이 알고 있는 전부. 오직 밤에만 들리는 고요와 소음의 불협화음이 어둠을 울린다. 여자는 자신이 어디에 서 있는지 파악하기 위해 사방을 둘러본다. 그리고 서서히 깨닫는다. 자신이 이곳에 완전히 혼자라는 사실을…. 바로 이곳에.

그나저나 여기는 도대체 어디일까?

차갑게 식은 발 아래에서 울퉁불퉁한 자갈이 느껴지자 여자는 생각에서 벗어난다. 여자는 아래로 시선을 돌려 훤히 드러난 고운 발을 본다. 무언가를 발견하고 눈을 가늘게 뜬 여자는 자신이 붉은색 페인트로 'X' 표시가 되어 있는 곳 위에 서 있음을 알게 된다.

희한하네, 여자는 생각한다.

차갑고 축축한 어둠 속에서 따스한 생각 하나가 올라온다. 여자는 지금 어둠 속에서도 앞이 또렷하게 보인다는 것을 깨닫는다. 사실 여자는 언제나 어둠 속을 볼 수 있었다. 여기서 촉발된 또 하나의 깨달음. — 여자에게는 언제나 선택할 수 있는 힘이 있었다. 이 사실을 이해한 여자는 자신이 현재 선택의 기로에 서 있다는 것을 알게 된다. 고인 물처럼 가만히 서 있거나 미지의 세계를 향해 성큼 나아가거나.

갑작스레 잠이 물러나며 여자는 침대와 방이라는 현실 속으로 깨어난다. 익히 알고 있는 평소의 삶. 하지만 미묘하게 달라진 게 하나 있으니, 지금 그녀는 어떤 소중한 것을 쥐고 있다. 바로 꿈에서 가져온 선물이다.

파야 할 지점을 가리키는 X

보물이 묻혀 있는 X

이 절호의 순간인 X

꿈은 보물 창고다

모든 꿈은 선물이다. 그렇다, 혼비백산하게 만드는(혹은 더 골몰하게 만드는) 무서운 꿈마저도 선물이다. 이것은 당신의 정신(psyche)과 영(spirit) 안에서 길어 올리는 보물이다. 저명한 작가이자 분석가인 마리-루이제 폰 프란츠Marie-Louise Von Franz는 이렇게 주장했다. "꿈은 당신이 이미 아는 것을 굳이 침 튀겨가며 말하지 않는다." 그리고 이건 내가 꼭 강조하고 싶은 말인데, 꿈은 '당신이 알아야 하는 것'을 말해준다.

꿈은 우리가 파야 할 바로 그 지점을 가리키는 'X' 표시다.

꿈은 그 속성상 우리가 이미 아는 것보다 훨씬 더 큰 것, 훨씬 더 신비한 것을 가리킨다. 우리가 알지 못하는 모든 것을 가리킨다. 우리가 보지 않으려고 하는 것, 아니면 그저 볼 수 없는 모든 것, 우리가 보고 싶어하는 모든 것. 꿈은 모든 삶이 서로 얼마나 촘촘히 얽혀 있으며 우리는 그 안의 어디 즈음에 자리하고 있는지를 말해준다.

꿈은 우리의 시선을 무한한 가능성의 세계로 돌리게 한다. 이 책 전반에 걸쳐 알게 되겠지만, 꿈을 꿀 때의 당신은 자신의 한정적인 마음보다 훨씬 더 큰 무언가의 안내를 받는다. 당신의 정신과 영이 합심해 당신을 이끈다. 그 결과, 당신은 지혜와 창조적 영감과 강력한 해답을 꿈에서 받게 되고, 꿈이 제시하는 가이드를 실행에 옮기겠다고 선택하기만 한다면 이를 통해 한 단계 더 높이 올라갈 수 있고 실제로 올라가게 될 것이다.

꿈을 '실행에 옮긴' 유명 일화들을 예로 들어보자면, 래리 페이지Larry Page는 꿈에서 구글의 아이디어를 얻었고, 《프랑켄슈타인》의 작가 메리 셸리Mary Shelley는 꿈을 영감의 원천으로 삼았으며, 스티븐 킹Steven King 역시 그러했다. 폴 매카트니Paul McCartney는 〈예스터데이〉의 멜로디를 꿈에서 들었고, 아우구스트 케쿨레August Kekulé는 자기 꼬리를 물고 있는 뱀을 꿈에서 본 후 고리 모양의 벤젠 구조를 발견했다. 심지어 닐스 보어Niels Bohr도 꿈에서 원자 구조를 보았다.

하지만 세상을 바꾸는 예지적인 아이디어만을 꿈에서 얻는 것은 아니다. 상담자라면 누구나 알고 있듯이 꿈은 매일 밤 우리를 돕는다. 우리가 일상적인 삶, 감정, 관계와 욕망 등을 잘 헤치고 나아갈 수 있게 근본적이고 변화를 추동하는 통찰을 선사하고, 기분이 더 나아지게 만든다.

꿈이 부정적인 감정을 조절하는 데 도움이 된다는 것은 과학적으로 증명된 사실이다. 슬픔에 사로잡혔을 때 우리는 꿈을 통해 상황이 어떤 차원에서는 종결되었음을 깨닫고 치유를 경험한다. 꿈은 깨어 있을 때는 도저히 해결할 수 없을 것 같던 문제에 답을 주고, 심지어 내적 갈등을 푸는 데 도움을 주기도 한다.

모든 꿈이 얼마나 많은 것을 우리에게 주고 있는지 당신은 알게 될 것이다. 이 말은 모든 꿈이 편하게 느껴질 것이라는 뜻은 아니다. 꿈은 더없는 행복과 기쁨을 전하는 한밤의 이야기가 아니다. 자기기만을 경계하는 꿈은 은유로 된 강편치를 날리며 우리로 하여금 질문을 던지도록 몰아갈 때가 많다. 내가 듣지 못하는 메시지는 뭘까? 내가 보지 못하는 '그것'은? 내가 차마 두려워서 가지 못하는 길은? 내가 느끼고 싶어하지 않는 느낌은?

깨어 있는 삶에서 이러한 질문에 답하려면 뼛속 깊은 곳까지 정직해야 하고 감정적 결단이 필요한데, 차라리 외면하는 편이 훨씬 쉬울 때가 많다. 반면 꿈은 밤마다 정신의 문에 노크하면서 우리가 내면의 진실에 눈을 뜨게 만든다. 꿈을 꾸는 자인 당신이 용감하게 고개를 돌려 통찰을 마주하기만 한다면 이 진실은 '잘 사는 삶'으로 확장될 수 있는 힘을 지녔다. 당신은 가장 나다운 형태의 깨어 있는 삶을 살지 못하게 만드는 바로 '그' 느낌과 패턴과 열망을 알게 된다.

꿈풍경으로 들어가는 입구

이 책은 당신이 자신만의 꿈풍경(dreamscape)을 발견하기 위해 용기 있게 통과하는 일종의 입구 역할을 할 것이다. 하지만 그 경계를 넘기 전에 먼저 내 배경을 간략하게 설명하여 내가 여기서 어떤 관점을 취하고 있는지 개괄하고자 한다. 내 직업은 상담심리학자, 꿈 전문가, 그리고 4대째 직관가(intuitive)이다. 동시에 자각몽(lucid dream)을 독학으로 배운 열렬한 루시드 드리머lucid dreamer이기도 하다. 어릴 때부터 나는 강렬한 꿈을 꾸었고 커갈수록 꿈은 나에게 더 많은 말을 걸어왔다.

실제로 꿈이 나를 자신들의 대변인으로 선택한 것 아니냐고 말하는 사람도 있을 텐데, 그것은 또 다른 기회를 통해 얘기하겠다. 지금은 일단 내가 꿈작업(dreamwork)을 전문적으로 하게 된 것은 꿈이야말로 변혁, 성장 그리고 영적 깨어남으로 가는 가장 직접적인 길임을 알게 되었기 때문이라고만 말해두자. 아주 간단하게 말하자면, 우리가 꿈을 꿀 때는 나만의 틀에서 벗어나기 때문에 꿈은 우리를 어마어마하게 도울 수 있다.

나는 내가 진행하는 코스, 월별 멤버십 프로그램, 개인 워크숍, 집중수행 등을 통해 전 세계 수천 명의 놀라운 사람들과 작업해왔다. 이 모든 과정은 사람들이 자신의 꿈과 정신, 내면의 앎을 통해 그토록 갈구하던 답을 찾게 도와주는 여정이다.

'정신-치료(psycho-therapy)'라는 단어의 본래 의미가 내 작업이 추구하는 방향이다. 이 단어의 기원은 '프시케psyche(혼, 숨, 영)'와 '테라피therapy(치유)'다. 이 단어의 가장 뿌리 깊은 의미는 정신치료가 결국은 혼의 치유임을 상기시킨다. 즉, 정신치료는 마음과 감정을 치유하는 것 이상의 의미를 갖는다. 영적인 연결과 최선의 자기(well-being)를 회복하는 과정인 것이다.

나는 내면 세계와 외부 세계 모두가 더 균형 잡힌 상태에 도달하기 위해서는 현대의 심리치료에 영과 혼이 다시 도입되어야 한다고 생각한다. 깊고, 오래 지속되고, 심오한 삶의 변화를 진짜 경험하려면 우리의 모든 면면, 즉 마음과 육체 그리고 영 차원 전부에서 작업이 이루어져야 한다.

이런 이유로 나는 현대 심리학의 경계를 뛰어넘겠다는 결심을 하게 되었다. 현대 심리학의 범위가 나 자신은 물론이고 고객에게도 지나치게 협소하다고 느꼈기 때문이다. 그럼에도 심리학은 내게 견고하고 풍요롭고 윤리적인 기반을 선사했을 뿐 아니라 나의 많은 작업이 그것을 발판 삼아 싹텄던 만큼 나는 언제나 심리학에 감사함을 느낀다.

심리학은 탄탄하고 필수적인 토대이자, 의식과 인간에 대한 이해라는 퍼즐에서 빼놓을 수 없는 조각이다. 과학이 그렇고, 신비주의가 그렇고, 영성이 그러하듯 말이다. 나는 심리학의 선구자들이 심리학을 온전한 삶과 의식에 대한 '유일한 답' 또는 그에 대한 '모든 답'을 갖고 있는 분야로 상정했을 거라고는 생각하지 않는다. 인간의 경험은 지구상에 살고 있는 사람의 수만큼이나 다종다양하며, 하나의 방법이나 학파만을 옳다고 믿는 것은 내 생각에 그저 숨 막히게 답답할 뿐이다.

이 책을 읽고 있는 당신은 분명 삶 그 자체의 의미에 대한, 그리고 삶에 실존적 의미를 부여하는 것들에 대한 탐색을 한정된 몇몇 분야가 아닌 훨씬 넓은 범위에서 추구하는 사람일 것이다. 나는 여러 학파 주변을 자맥질해 내 생각에 가장 정확하고 도움이 되었다고 느끼는 것들을 건져 올려서 그것들이 당신에게도 똑같이 도움이 되기를 바라는 마음으로 여기에 풀어놓겠다.

마지막으로, 우리 모두가 주관적인 존재라는 것을 감안하여 나는 이 책의 실전 연습이 가능한 한 많은 사람들에게 도움이 될 수 있도록 설계하고 유형도 다양하게 준비했다. 이렇게 한 까닭은 당신이 꿈의 모든 측면을 스스로 경험할 수 있는 확률을 높이기 위해서다. 그렇지만 결국 이것은 '당신'의 여정이다. 연습을 했는데 별 느낌이 오지 않는다면 얼마든지 다른 연습으로 넘어가면서 자신에게 가장 잘 맞는 방법을 찾으시길! 이제 시작해보자.

꿈의 스펙트럼

나는 우리가 매일 밤 잠을 자면서 확장된 통합 의식(우주, 영, 근원)과 다시 연결된다고 생각한다.

좀더 명료하게 설명하자면, 나는 만사를 움직이는 생명력을 뜻하는 단어로서 '영', '우주', '비물질적 세계'를 번갈아가면서 쓴다. 당신에게 이 생명력은 하느님, 에너지, 근원, 아니면 단순히 의식의 흐름일 수 있다. 이 책을 읽어나갈 때 당신에게 가장 편하게 느껴지는 단어나 구문을 얼마든지 자유롭게 선택해 사용하기를 바란다.

우리가 잠을 잘 때 영적인 근원과 다시 연결된다는 믿음은 비단 나만의 생각이 아니다. 힌두교, 유대교, 기독교, 불교, 신토神道 등 많은 영성 학파가 이 사상을 설파했다. 그렇게 밤마다 우리는 확장된 시각을 가질 수 있는 동시에 회복 수면을 통해 육체적 활력을 증진시킨다.

이 확장된 시각이 다양한 종류의 꿈을 일으킨다. 우리는 보통몽, 경고몽, 예지몽 또는 예언몽, 집단몽 그리고 자각몽 등을 경험할 수 있다. 이 책을 읽어나가며 당신은 이 모든 꿈들을 알아가게 될 것이다. 그렇다 해도 보통몽과 자각몽의 차이는 처음부터 구분하고 넘어가는 게 좋겠다.

보통몽, 소위 '일반적인 꿈'은 이미지와 상징, 이야기로 가득하다. 이 꿈은 밤마다 우리가 나도 모르게 떠나는 여행이다. 때때로 이 꿈들은 밝고 생생하다. 맨 앞에서 소개한 꿈 이야기처럼 말이다. 반면 새까맣게 잊어버릴 때도 있다. 가령 지난주 수요일에 꾸었던 꿈처럼 말이다.

이 책에서 나는 이런 종류의 꿈을 기술하기 위해 '보통몽' 또는 '일반몽'이라는 단어를 사용했다. 하지만 이는 그저 편의성과 명료함을 위해 그렇게 쓴 것뿐이며, 나는 매일 꾸는 꿈이 절대로 흔하거나 평범한 것이 아님을 처음부터 분명히 해두고 싶다. 심지어 꿈은 우리의 가장 위대한 영적 스승이 될 수 있음에도 아침 햇살의 등장과 함께 가장 자주 무시당하는 대상이라고 감히 말하고 싶다.

일반몽은 우리 삶의 많은 부분을 차지하는데, 이 책의 여정을 따라가다 보면 당신은 이 꿈들이 참으로 관대하며, 당신을 언제나 인도하고 있다는 사실을 알게 된다.

익숙하고 낯선 사람, 장소, 사건, 캐릭터가 가득한 일반몽은 상징과 은유의 언어를 구사한다. 3장에서 당신은 이 상징적인 꿈의 형상을 해석해낼 때 얼마나 깊은 통찰을 얻을 수 있는지 알게 될 것이다. 본래의 나를 되찾고 한층 더 깊이 성장하게 해줄, 혼이 전하는 꿈의 메시지를 어떻게 해독해야 하는지도 연습을 통해 정확히 배우게된다.

자, 이제 당신이 한 가지 간단한 질문을 잘 생각해보았으면 좋겠다. '당신은 꿈속에서 자신이 꿈을 꾸고 있다는 사실을 깨달았던적이 있는가?'

있다면, 당신은 보통몽에서 자각몽까지 간 것이다! 즉, 꿈의 스펙트럼에서 위로 이동했음을 뜻한다. 만일 없다면, 기대하시라. 이 책을 한 페이지씩 넘길 때마다 당신의 꿈 탐색이 점점 노련해질 테니!

더 명확히 설명하자면, 일반몽은 자신이 꿈을 꾸고 있음을 모르는 꿈이다. 아침에 잠에서 깨고 나서야 꿈을 꾸었음을 안다. 반면 자각몽은 정반대로 '꿈을 꾸고 있는 와중에' 자신이 꿈을 꾸고 있음을 정확하게 인지한다.

즉, 몸은 생리학적으로 여전히 잠을 자고 있지만 나는 꿈속에서 '깨어난다.' 그러면 인지적인 자각을 하고 있는 상태에서 의지와 의도를 갖고 자신의 꿈을 탐색해나갈 수 있다. 원하는 대로 꿈 장면을 바꿀 수도 있는데, 이것은 보통몽에서는 할 수 없는 일이다.

더 확실한 설명을 위해 처음에 나왔던 보통몽 이야기로 돌아가 보자.

여자는 불현듯 자신이 차가운 자갈 도로 위에 맨발로 서 있다는 사실을 알게 된다. 방향 감각을 잃어버린 여자는 장소를 파악하기 위해 주위를 둘러본다. 그리고 알게 된다. 자신이 이 이상한 곳에 혼자, 정말 혼자 있다는 것을. 그리고 그 순간, 머릿속이 환해지는 생각 하나가 스친다. 여자는 스스로에게 묻는다. '여기가 어디지?'

이 자기성찰적 질문의 꼬리를 놓치지 않았다면 그녀는 자신이 꿈속에 있다는 사실을 '알아차릴' 수도 있었을 것이다! '자신이 꿈을 꾸고 있다는 사실'을 말이다. 하지만 꿈에서 여자는 차가운 발에 신경이 쓰였고, 그래서 자신이 했던 날카로운 질문을 잊어버렸다. 그 결과 꿈은 그저 펼쳐졌다. 즉, 그녀는 꿈을 인지적으로 자각하지 못했다.

만일 이 꿈이 자각몽이었다면 꿈에 대한 경험은 다음과 같았을 것이다.

여자는 불현듯 자신이 차가운 자갈 도로 위에 맨발로 서 있다는 사실을 알게 된다. 방향 감각을 잃은 여자는 장소를 파악하기 위해 주위를 둘러본다. 여자는 자신이 이 이상한 곳에 완전히 홀로 있다는 사실을 깨닫는다. 그리고 그 순간, 머릿속이 환해지는 생각 하나가 스친다. 여자는 스스로에게 묻는다. '여기가 어디지?'

그리고 그 생각은 '아하' 순간으로 이어진다. 여자가 계속해서 스스로에게 질문을 던졌기 때문이다. '여기는 처음 와본 장소인데. 어떻게 온 거지? 여기 오기 전에 나는 어디 있었던 거지?'

이제 이 자기성찰적 질문들과 함께 기억 하나가(그리고 답이!) 의식의 전면에 등장한다. 바로 자신이 마지막으로 했던 일이 잠자리에 누운 것임을 떠올리게 된 것이다. 이 놀라운 답과 함께 그녀는 생각한다. '내가 꿈을 꾸고 있는 게 틀림없어. 이건 꿈이야. 지금 내가 꿈을 꾸고 있는 중이라고.'

자각몽과 보통몽의 근본적인 차이가 여기에 있다. 자각몽을 꾸는 사람은 꿈속에서 깨어 있다. 반면 보통몽은 잠이 들었기 때문에 꾸는 것이다.

그렇다면 이런 생각이 들 수 있겠다. 자각몽이 진짜 일어나는 일이라고 증명되었나? 이에 대한 답은 확실하게 '그렇다!'이다. 서구에서 자각몽이 과학적으로 입증된 것은 1975년으로, 두 명의 연구자 키스 헌Keith Hearne과 앨런 워슬리Alan Worsley가 실험실에서 실시한 일련의 꿈 실험을 통해 그 존재가 증명되었다. 그때 이후 자각몽의 수수

께끼를 풀기 위한 과학적, 학문적 연구가 많이 쏟아졌다.

하지만 이 과학적 증거들이 서구의 문을 두드리기 전에도 자각몽은 불교, 힌두교, 샤머니즘과 같은 많은 종교와 신앙 체계 내에서 높은 경지의 수행법으로 인정받았다(지금도 그러하다). 사실 자각몽은 천 년의 역사를 자랑하는 오래된 꿈 수행이다. 사람들이 이미 수 세기 동안 자각몽을 꾸어왔던 것을 감안하면 서구의 과학은 최근 들어서야 그 대열에 합류한 것이다.

이쯤 되면 나는 이런 질문을 많이 받는다. 자각몽이 어떻게 도움이 되나요? 그리고 더 중요하게는, 그게 나를 어떻게 도울 수 있나요? 이 책은 여러 면에서 그 질문에 대한 답이라고 할 수 있다.

실용적인 측면에서 보자면 자각몽은 고착된 감정을 변형시키고, 육체를 치유하고, (음악 연주나 명상 같은) 기술을 빠르게 습득하는 데 도움을 주는 등, 무수히 많은 이점이 있다. 그 외에도 우리는 자각몽을 통해 걸림 없는 자비심을 기를 수 있고, 영적 가르침을 받을 수 있으며, 심지어 사후의 순간을 맞이할 준비도 할 수 있다. 하지만 자각몽의 두 번째로 중요한 이점에 대해 티베트 뵌교(Bön) 승려인 텐진 왕걀 린포체Tenzin Wangyal Rinpoche는 그 핵심을 다음과 같이 우아한 말로 설명한다. (그런데, 이것이 두 번째로 중요한 이점이라면 가장 중요한 이점은 무엇인가? 그것은 절대 말로 설명되지 않는다.)

"꿈 수행의 첫 번째 단계는 무척 단순합니다. 영적인 여정에서 꿈이 얼마나 큰 가능성을 갖고 있는지 깨닫는 것입니다. 통상적으로 사람들은 깨어 있을 때의 '현실적인' 삶과 달리 꿈이 '비현실적'이라고 생각하지요. 하지만 꿈보다 더 현실적인 것은 없습니다."

자각몽은 단순히 꿈속에서 행동을 통제하고 표면적으로 이런저런 이득을 얻을 수 있는 꿈이 아니다. 자각몽의 핵심은 진정한 나의 근원과 연결되는 것이다. 보이는 세계와 보이지 않는 세계, 깨어 있는 세계와 꿈의 세계가 추는 춤이고, 그 두 세계를 다리처럼 연결하는 당신이 주인공인 꿈이다.

당신은 모든 꿈을 통해 내면 저 깊은 곳에 이미 존재하던 선물들을 재발견하게 될 것이다. 자신이 적극적으로 삶을 창조하고 있음을 깨닫게 될 것이다. 자신이 꿈과 깨어 있는 삶 모두를 꾸고 있음을 알게 될 것이다.

매일 밤 당신은 보통몽을 매개체 삼아 깨어 있는 의식과 수면 의식 사이를 이동한다.

그것 자체만으로 정말 멋진 일이 아닐 수 없다.

그런데 여기에 자각몽을 하나 더하면 정말 마법과 같은 일이 일어날 수 있다. 의식 혹은 '현실'의 두 가지 형태를 자각하는(그리고 오가는) 능력이 생긴다.

우리 모두는 너무 생생하고 진짜 같아서 그 순간에는 현실이라고 철석같이 믿었던 꿈을 꾼 적이 있다. 깨고 나서야 자신이 꿈을 꾸었다는 걸 안다. 하지만 자각몽을 꾸게 되면 당신은 자신이 지금 의식을 탐색하고 있음을 실제로 안다.

자각몽을 경험하면 더 심오한 존재론적 질문을 하게 된다. '내가 의식의 두 가지 형태를 자각할 수 있다면, 이 세 번째 형태의 자각(혹은 상위의 자각)은 무엇인가?' 이 질문은 당신이 꿈의 풍경을 의식적으로 탐색하는 여행자가 되었을 때 스스로 알아보기를 바란다.

나는 모든 꿈이 우리에게 무한한 가능성을 알려주기 위해 존재한다고 생각한다. 우리가 (개인적으로 또는 집단적으로) 외부에 투사하기도 하고 끌어당기기도 하는 진동을 잘 보이게 부각시켜서 궁극적으로는 필요에 따라 내면의 상태를 바꿀 수 있는 기회를 제시한다고 말이다. 즉 꿈은 우리가 느끼는 감정을 정돈할 수 있게 도와주고, 우리가 세상에 어떤 에너지를 발산하고 있는지 깨닫게 해주며, 필요하다면 궤도를 수정할 수 있게 도와주고, 앞으로 일어날지도 모를 일을 보게 해주고, 매일 밤 영과 다시 접촉할 수 있게 도와준다.

모든 것에는 가치가 있음을 명심하고 잘 자기
당신이 어떤 꿈에 관심이 있어서 이 책을 선택했는지는 모르지만(보통 몽, 예언몽, 경고몽, 상징몽 또는 자각몽 등 어떤 것이든) 이 책을 다 읽었을 즈음 당신이 꿈을 의도적으로 꾸는 사람이 된다면 나는 바랄 게 없겠다.

그러니 자각몽을 꾸든 한 번도 꾸지 못하든, 당신의 모든 꿈은 소중하며 말도 안 되게 풍요로운 통찰을 주고 있음을 부디 명심해주길 바란다. 더 좋거나 더 가치 있는 꿈이 있다고 꿈을 위계 지어서 평가하게 되면 보통몽을 꿀 때 벌어지는 매일의 마법을 놓칠 수 있다. 그리고 이 책에서 자각몽 꾸는 법을 정확하게 알려주기는 할 테지만, 책의 주요 목적은 당신에게서 꿈에 대한 깊은 사랑을 일깨우는 것이다. 모든 꿈이 지닌 그 경이로움을 경험할 수 있게 말이다.

꿈작업에서는 가장 먼저 보통(상징)몽을 이해하는 게 중요하다. 이것은 다른 작업을 위한 튼튼한 토대가 되어준다. 보통몽 작업을 하면 자각몽을 꾸는 과정에 많은 도움이 된다. 자신의 감정, 생각, 믿음이 모든 꿈에 어떤 영향을 미치는지 정확하게 알게 되는데, 자각몽의 세계에 본격적으로 발을 딛기 위해서는 이 부분을 반드시 잘 알아야 한다.

궁극적으로 꿈은 즐거운 여정이다. 그리고 이 여정 속에서 당신은 그 길을 걸어가는 데 옳고 그른 방식은 없다는 사실을 알게 될 것이다. 그렇긴 해도 꿈에 대한 이 깊은 사랑을 일깨우기 위해서는 일단 잠에서 깨어났을 때 꿈을 기억할 줄 알아야 한다. 방법은 다음과 같다.

잠들기 전에, 아침에 깨어나면 꿈을 기억하겠노라고 의도를 세우는 게 좋다. 매일 밤 빼놓지 않고 이렇게 의도를 세우면 꿈을 기억하는 날이 늘어난다는 사실을 알게 될 것이다.

간단히 말해 의도는 자신이 많이 고심하고 에너지를 쏟는 진심

어린 생각이다. 우주에 속삭이는 일종의 선언이다. 의도는 일단 세우면 정신 차원에서도 전념하게 된다는 점에서 심리적으로도 중요하다.

의도는 자신이 꿈 수행에서 원하는 것 아니면 그냥 인생에서 바라는 것으로 정하면 된다. 일단 의도를 정했다면 눈을 감으라. 그런 다음 잠들기 전에 깊고 편안하게 몇 번 호흡을 한 뒤 다음과 같이 말하라.

"나는 오늘 안전하게 내 꿈 세계를 탐험합니다. 나는 좋은 꿈을 꿀 것이고 아침에 그 꿈을 기억할 것입니다. 나는 내 꿈의 모든 측면을 샅샅이 들여다볼 준비가 되었습니다. 나는 진심으로 내 꿈이 나에게 도움이 되는 가이드를 제시해주기를 바랍니다."

그리고 일어나면 최대한 몸을 전혀 움직이지 말고 가능한 한 그 자세로 가만히 있으라. 이렇게 하기까지 생각보다 꽤 연습이 필요하다! 눈을 감고 그렇게 가만히 누워 있는 상태에서 꾼 꿈을 마음속으로 재생해본다. 이것은 두뇌가(더 정확히는 해마가) 꿈을 잡아채서 기억으로 저장할 수 있게 하기 위한 과정이다. 일단 꿈을 확실하게 잡았다는 느낌이 들면 꿈일기에 내용을 적는다.

꿈일기를 작성하는 방법은 이렇다.

침대 옆에 공책을 두고 잤다가 일어나면 기억나는 내용을 그대로 적는다. 가능한 한 많은 정보, 즉 풍경, 사람, 느낀 감정, 꿈에 나온 인물들을 모두 다 기록한다. 그 순간에 특히 중요하다고 느껴지는 내용에는 줄을 치는 것 역시 도움이 된다. 할 수 있는 한 가장 상세하게 꿈을 적고 언뜻 중요한 것 같지 않은 내용일지라도 꿈에 나온 모든 것을 빠짐없이 기억하려고 노력해본다.

세세하게 적는 게 중요한 까닭은 지금 이렇게 꿈을 기록하는 것이 사실은 자신의 꿈에 나오는 상징들을 수집하는 과정이기 때문이다. 나중에 우리는 꿈의 상징을 해독하는 방법에 대해서도 다룰 텐데, 지금부터 그 상징들을 모으기 시작하면 그 장을 읽을 즈음에는 꿈의 일부를 해석할 수 있을 만큼의 자료를 확보하게 된다.

처음 기억했을 때는 별로 중요해 보이지 않았던 상징이 나중에 보니 대단히 중요한 것일 수도 있다. 가령 당신은 꿈에 언제나 해가 있다는 사실을 인지하지 못할 수 있다. 아니면 그 반대로 해가 한 번도 나오지 않을 수 있다. 태양은 쉽게 잊히거나 무시되는 상징이지만, 분명 태양은 자리를 지키며 매일 밤 당신의 꿈을 밝힌다. 이것은 삶을 지속시키는 가시적인 정수와 연결되는 법을 보여주는 것일 수도 있고 당신 내면의 빛의 상징일 수도 있다.

이제 준비되었는가?

1장

나는 왜 그런 꿈을 꾸었을까?

눈이 가닿을 수 있는 저 끝의 끝까지 붉은 오렌지빛 모래가 광활하게 펼쳐져 있다. 물결치듯 움직이는 사구沙丘는 끝이 보이지 않는 모래바다 같다. 모래 한 알 한 알이 들어줄 사람을 기다렸다는 듯 잊힌 옛이야기를 속삭인다. 완전히 매혹된 나는 내 앞의 고요와 아름다움을 깊이 들이마신다. 바람이 살살 불어오고 나는 그에 맞춰 몸을 흔들흔들 움직인다. 공간의 광활함에 완전히 매료된 채로 나는 내가 예전에 바로 이곳에 온 적이 있다는 사실을 기억해낸다.

두 손으로 천천히 모래를 쓸어본다. 한 주먹 가득 모래를 들어올린 나는 시선을 아래로 내려 반짝이는 모래를 본다. 한 손에서 다른 손으로 모래를 부으면 빛의 입자에 따라 색이 달라진다. 손에 닿는 모래의 촉감에 주의를 기울이자니 시간이 멈춘 것처럼 느껴진다.

이제 두 손을 활짝 펴자 손가락 사이로 모래가 빠져나간다. 모래알이 손을 스쳐 지나갈 때마다 나를 짓누르던 무거운 과거 역시 나에게서 빠져나간다. 내 무게가 느껴지지 않는다. 지나칠 정도로 가벼워서 나는 맨발에 주의를 집중하려고 애를 쓴다. 발을 내려다보니 모래 속으로 발이 사라지기 시작한다. 팔다리 하나하나, 뼈 하나하나가 모두 차례대로 사막으로 사라지며 나는 사막과 하나가 된다.

이 변형을 자각하며 나는 내가 사막 그 자체이자 동시에 모래알 하나임을 깨닫는다.

나는 압도적인 고요함 속에서 깨어난다. 하지만 시끄럽게 울리는 알람 소리에 평화는 한순간에 깨지고 나는 일상적인 인간의 경험으로 바로 끌려온다. 하지만 원래 그런 것 아닌가? 신비는 일상의 외피를 정갈히 두른 채, 삶이란 지금 이 순간의 연속이며 우리는 죽음을 통해 다시 한 번 변형됨을 신성하게 상기시켜준다.

여기서 잠시 책 읽는 것을 멈추고 당신이 어떤 이유로 꿈작업을 하고 싶은지 잠시 생각해주었으면 좋겠다. 스스로에게 물어보라. '나는 왜 이걸 하고 싶은 걸까?' 종이 위에 당신의 생각을 검열하지 말고 써 내려가라. 그렇게 쓴 종이는 나중에 참고할 수 있게 가까운 곳에 두길 바란다. 이 작업이 다 끝나면 책으로 돌아와 계속 읽으라.

꿈작업과 정신

꿈을 통해 우리는 뿌리 깊은 믿음에 의문을 던지고 이를 바꿀 수 있으며, 자신이 일상에서 무엇을 창조하고 현실화하는지 알아차릴 수 있다. 꿈은 우리가 더 충만하고 풍요로운 삶을 살 수 있게 도와주는 동시에 정신의 어떤 부분을 더 계발해야 하는지 보여주어 더 큰 정신적 통합과 감정적 안녕을 향해 나아갈 수 있게 해준다.

정신적 측면에서 그리고 개인의 성장 측면으로 본다면 이 말은 곧 집단무의식, 자신의 개인무의식, 감정, 충동을 비롯해 꿈에 나타난 그에 상응하는 상징적 표상들까지 전부 다뤄진다는 것을 뜻한다. 이것에 대해서는 내가 이 책 전체에 걸쳐 자세히 설명할 것이다. 그리고 영적 수준에서 이것은 영과 합심하여 작업하는 것을 의미한다.

가령 나의 사막 꿈을 예로 들어보자. 이 꿈은 나로 하여금 죽음과 죽어감을 둘러싼 내 감정을 더 분명히 발견하고 더 나아가 표현할 수 있게 도와주었다. 당시 나는 깊은 감정적 차원에서 죽음을 두려워하고 있었다. 좀더 구체적으로 말하자면 나는 죽음이 어떻게 찾아올 것인지 알지 못하는 게 너무 두려웠다. 저 꿈을 꾸기 직전까지 나는 내가 왜 이러는 것이며 그럴 때 나는 어떻게 느끼는지를 진심으로 숙고해볼 만한 여유가 전혀 없었고 아예 생각하려고 들지를 않았다.

누군가 나에게 죽음을 생각할 때 어떤 기분이 드냐고 물으면 나는 별것 아니라는 듯 웃어넘기며 "사람은 결국 다 죽죠"라고 말하거나 다른 화제로 말을 돌렸다. 다시 말해, 나는 죽음을 둘러싼 공포와 감정에 너무 겁을 먹었기 때문에 그 생각만 하면 올라오는 불안을 상쇄시키고자 별것 아닌 듯 가벼운 태도를 연기했다. 내가 실제로 내면에서 느끼는 감정과 정반대로 말이다.

이 예에서 내가 보이는 행동은 반동형성이라고 알려진 심리적 방어기제의 전형적인 예다. 방어기제는 내적 갈등을 최소화하기 위해 마음이 특정 방식으로 반응하는 것이다. 우리 모두는 방어기제를 갖고 있으며, 자신의 방어기제에 대해 자세히 알수록 개인의 성장 여정에 도움이 된다.

구체적으로 말하자면 반동형성은 내적 불편함을 완화하기 위해 자신의 진짜 감정을 본인이(또는 사회가) 좀더 용인할 수 있는 방식으로 뒤바꿔버리는 것이다. 이것은 자신의 진짜 느낌을 받아들인 게 아니다. 실제로 느끼는 것과 정반대의 행동을 하며 그 느낌으로부터 자신을 보호하는 것이다.

죽음이라는 주제가 등장하면 나는 겉으로는 차분한 척을 했지만 원래 갖고 있던 두려움은 사라지지 않았다. 그 공포는 여전히 존재했음에도 내 방어기제 때문에 의식적 자각의 테두리 안으로 들어오지 못했다. 다시 말해, 죽음과 관련해 내가 눌러놓은 생각과 감정들은 계속 존재하되 내 의식 바깥에 있었다는 뜻이다. 즉, 무의식적이었다. 그래서 꿈이 나를 흔들어 깨운 것이다. 내가 나를 직면할 수 있도록.

당신의 꿈도 이렇게 당신을 깨워줄 것이다.

꿈은 내 내면의 삶을 드러낸다

꿈의 내용물에 대해 작업하는 건 유익하다. 여기서 꿈의 내용물이란 꿈에 나오는 이미지, 인물, 풍경, 상징을 말한다. 나는 꿈의 내용물이 영, 자신의 진동, 집단무의식, 그리고 개인무의식의 영향을 받는다고 믿는다. 그래서 제대로 꿈작업을 하려면 이 용어들을 이해하는 게 꼭 필요하다고 생각한다.

행동 대부분은 무의식적인 요소에 큰 영향을 받는다. 능동적인 의식 바깥에 있는 욕구, 동기, 충동 등에서 말이다. 가령 당신은 건강이나 재정적 목표를 진심으로 이루고 싶은데, 변해 보려고 노력할 때마다 자기도 모르게 자꾸 본인이 본인 발목을 잡아서 제자리걸음을 하게 될 수 있다. 이런 예의 경우 스스로 자각하지 못하는 뿌리 깊은 믿음이 작동하고 있을 가능성이 많다. 이것이 삶에서 창조하고, 현실화하고, 경험하려고 하는 것을 방해한다.

가령 당신에게는 실패하고 싶은 충동이 있을 수 있다. 당신이 지나치게 '성공하거나', '외모가 뛰어나거나', '눈에 띄면' 다른 사람들이 자기를 공격할 거라고 무의식적으로 믿기 때문이다. (성공의 형태는 다양할 수 있다. 여기서는 다만 편의성을 위해 일반적인 예 몇 가지를 든 것이다.) 당신의 무의식적인 신념이 당신을 방해한다. 한편으로는 성공하고 싶지만 다른 한편으로는 성공하는 게 두렵다. 완전히 반대되는 이 두 개의 욕구를 진정시키기 위해 당신은 할 일을 미루거나 목표를 이루기 위해 해야 할 일을 전혀 하지 않는 식으로 자기 스스로를 방해한다.

동시에 꿈은 당신이 한 인간으로서 한층 더 통합되고, 만족스럽게 느껴지는 삶을 창조할 수 있도록 이미지나 시나리오를 통해 이 뿌리 깊은 무의식적인 신념을 자각하게 만든다.

꿈에 나오는 이미지는 당신이 깊은 차원에서 실제로 느끼는 감정은 무엇인지, 그리고 깨어 있는 삶에서 주의를 기울여야 하는 것이 무엇인지를 알려주기 위해 특별히 그런 모습으로 등장한 것이다.

가령 꿈에서 당신은 엘리베이터를 타고 건물의 맨 꼭대기 층으로 갔는데 정작 엘리베이터 문이 열리지 않을 수 있다. 아니면, 엘리베이터를 탔는데 갑자기 빠른 속도로 급강하하는 바람에 너무 무섭고 공황이 오는 꿈을 꿀 수도 있다.

이 꿈은 꿈속에 등장하는 사람이 당신이고 엘리베이터는 당신의 신념임을 상징적으로 말하고 있다. 다시 말하면, 당신이 자기 훼방적인 신념을 직면하고 내려놓으면 엘리베이터 문은 자동으로 열릴 것이다. 꿈은 (아래층으로 빠르게 곤두박질치는 엘리베이터라는 상징으로) 당신이 내면 깊숙이 기꺼이 내려가야 한다고 알려준다.

이것은 모두 당신이 자신의 발전을 가로막는 신념을 다룰 수 있게 일깨워주기 위한 목적을 갖고 있다. 당신이 실제로 그런 신념을 내려놓는다면 기회의 문(그리고 엘리베이터의 문)도 열릴 가능성이 커진다. 꿈은 지금까지 의식하지 못했던 문제를 꺼내 해결하게 함으로써 긍정적인 길로 나아갈 수 있는 지속가능한 방법을 알려주고 있다.

아니면, 당신은 장미를 사러 꽃집에 갔는데 어쩌다 보니 길쭉한 양귀비 한 다발을 사서 나오게 된 꿈을 꿀 수도 있다. 정말 사고 싶었던 건 장미인데 정작 손에 든 건 양귀비 다발이다. 얼마나 실망스러운지!

꿈의 맥락에서 양귀비는 상징적으로 '키 큰 양귀비 증후군'을 경험할까 두려운 마음을 나타낸다. (주로 호주와 뉴질랜드에서 쓰이는) 이 표현은 크게 성공한 사람들을 공격하거나 깎아내리고 싶어하는 욕구를 가리킨다.

여기서 꽃 이미지는 꿈이 전하는 메시지다. 이것은 당신이 원하는 것(장미)과 실제로 경험하는 것(양귀비)이 다름을 보여준다. 원래 의도는 장미를 사는 것이었지만 (본인이 자각하지 못하는) 무슨 일이 생겨서 엉뚱하게 양귀비를 사게 된 사실에서 우리는 두 가지를 알 수 있다.

첫째, 당신은 꽃을 선물받은 게 아니다. 당신은 꽃을 사러 갔다 (즉, 이 꿈의 주제는 '당신의 통제하에 있는 것은 무엇인가'다). 만일 꿈에서 누군가가 당신에게 꽃을 선물로 주었다면 그것은 관계의 상호작용에 관한 것일 가능성이 더 크다.

둘째, 꽃을 구입하는 과정에서 어찌 된 일인지 양귀비를 갖게 되었다는 것은 원하지 않는 꽃다발을 손에 쥐게 만든 모종의 일이 본인의 자각 바깥에서 일어났음을 가리킨다.

이 두 예시에 나오는 꿈 이미지는 모두 무의식에 뿌리 깊게 박혀 있는 신념과 두려움(그리고 그와 연동된 에너지 진동)을 스스로 발견할 수 있게 돕기 위한 것이며, 궁극적으로는 당신이 결국 그 신념을 변형하여 더 좋은 것을 창조하고 현실화하는 것을 목표로 한다.

이 예에서 꿈꾸는 자는 '다른 사람이 뭐라고 생각하든' 더 나답게 행동하겠다고 선택하기만 한다면 성공할 수 있다. 그들은 주위에서 어떤 비판의 소리가 들려오든 성공해서 '크게 성장하는' 길을 택할 수 있다. 그들은 장미가 될 수 있다.

대부분 사람은 자신을 제약하는 이런 유형의 뿌리 깊은 신념이 잠재의식의 작용 때문이라며 잠재의식 탓을 한다. 잠재의식은 의식하는 마음 바로 밑에 있는 특정 형태의 인식을 가리키는데, 사실 사람들이 이런 말을 할 때 정말 가리키는 것은 (심리학적 관점 측면에서) 마음의 깊은 무의식적 측면이다. '무의식'이라는 말이 이 부분을 설명하는 데 더 적합하기 때문에 나는 '무의식'이라는 단어를 선호한다.

이와 똑같이, 집단무의식과 개인무의식도 구분할 수 있다. 단, 이렇게 구분하는 건 내가 이 책에서 잠재의식이란 단어를 적극적으로 쓰지 않는 것과 같은 이유는 아니다.

꿈의 내용물에 대한 작업을 잘 하려면 본인의 개인무의식과 집단무의식의 차이를 꼭 이해해야 한다. 꿈의 내용물은 이 두 개 모두의 영향을 받기 때문이다. 그리고 나는 꿈해석이나 자각몽을 다룰 때 각각의 무의식이 약간은 다른 접근법을 요구한다고 생각한다. 이에 대해서는 곧 알게 될 것이다.

꿈작업에서 자신의 개인무의식 이해하기

당신의 정신은 당신이 지금껏 경험한 모든 것이 축적된 일종의 저장소다. 즉, 나쁜 것이든 좋은 것이든 당신의 기억과 경험은 잊힌 것마저도 모두 마음 안에 저장되어 있다. 저명한 심리학자 칼 융이 발전시킨 분석심리학에 따르면, 개인무의식은 개인의 기억과 경험을 모조리 간직하고 있는 정신의 기저부다.

다시 말해, 개인무의식은 당신이 의식 바깥으로 밀어내버려서 능동적으로 회상할 수 없는 모든 기억들이 있는 곳이다. 시간이 흘러 그냥 잊어버린 (기쁘고 불쾌한) 모든 기억 역시 여기에 있다. 내가 지칭하는 개인무의식은 마음 안에 저장된, 지난 삶에 관한 모든 정보를 뜻하는 것이다.

개인무의식은 또한 당신이 경험하는 모든 콤플렉스가 있는 곳이기도 하다. 아주 간단하게 정의하자면 콤플렉스는 감정을 크게 자극하는 생각, 이미지, 아이디어, 기억이 단일 주제로 뭉쳐진 하나의 집합이다. 사랑, 섹스, 권력처럼 말이다. 우리는 모두 콤플렉스를 갖고 있으며 대개 콤플렉스가 심각한 문제로 대두되는 건 우리가 그것의 존재를 완벽하게 부인할 때만이다.

꿈에 나오는 이미지, 장면, 상징 등을 살펴보면 자신이 현재 어떤 콤플렉스를 겪고 있는지 짐작할 수 있다. 어느 날 밤, 좁은 공간에 갇혀 있는 꿈을 꿨다고 해보자. 그런데 며칠 후에는 차를 타고 가는데 다른 차에 쫓기는 꿈을 꾼다. 그리고 또다시 일주일 후에는 중요한 전화를 해야 하는데 전화기를 찾을 수 없는 꿈을 꾼다. 그 후로도 이런 식의 꿈이 반복된다.

세 꿈에 나오는 장소, 인물, 이미지는 비록 모두 다르지만 그것이 자극하는 감정은 동일하다. 미칠 듯한 불안이다. 세 꿈 전부를 관통하는 긴장과 걱정이 그것을 보여준다. 꿈을 꾸는 자는 자신이 내면 깊은 곳에서 어떤 감정을 느끼고 있으며 현재 어떤 콤플렉스를 겪고 있는지 깨닫게 된다.

콤플렉스는 우리가 긴장 상태에 있음을 가리킨다. 이게 잘못이라는 뜻은 아니다. 그저 우리가 무언가에 저항하고 있으며 그것 때문에 내면에 긴장이 발생하고 있음을 의미할 뿐이다. 그런 뒤 꿈은 우리에게 이 긴장을 어떻게 다루어야 하는지 방법을 알려준다. 더 나은 길을 제시한다. 꿈이 구체적이고 의미심장한 시나리오와 이미지로 우리가 무엇에 저항하고 있는지 보여주면, 우리는 그 메시지를 알아차리고 그에 따라 진동과 삶을 바꿀 수 있다.

콤플렉스와 관련된 꿈은 당신이 현재 맞씨름하고 있는 양극의 경험이나 생각을 인식하게 해준다. 또한 대극의 패러다임이나 이원성에 대한 자각을 높여준다. 이렇게 이분법적인 경험(좋고 나쁨, 빛과 어둠, 결핍과 풍요)을 일단 자각하고 나면 그것을 바라보고 다루는 방식을 바꿀 수 있다.

내 사막과 모래의 꿈이 바로 그러했다. 그 꿈은 내가 삶과 죽음이라는 양극성과 씨름 중임을 보여주었다. 언제나 존재하는 둘 사이의 긴장. 이 꿈은 내가 살고 죽는 것과 관련된 내면의 갈등을 통합하는 데 정말 중요한 역할을 했다. 꿈을 꾸고 난 뒤 나는 그전까지의 감정적, 정신적 두려움과는 완전히 반대되는 고요함과 평화로움에 푹 젖었고, 이 경험을 통해 나는 내가 죽음을 둘러싼 감정을 받아들이면 새로운 차원의 수용에 도달할 수 있음을 알게 되었다.

이 꿈을 계기로 나는 죽음이 필연임을 받아들이는 순간 죽음은 강력한 동기부여가 되는 동시에 우리를 해방시킨다는 사실을 알게 되었다. 더 나답고 더 충만하게 살 수 있음을 알게 되었다. 죽음은 우리가 살아 있는 한 영원히 곁에 존재한다. 양극성은 사라지지 않지만, 한쪽이 있어야 다른 쪽이 존재할 수 있는 두 개념을 온전하게 수용하고 받아들이는 순간 제3의 삶의 방식이 나타난다. 이 글을 읽고 있는 당신에게는 양극을 모두 자각하여 하나로 통합할 수 있는 능력이 있다.

이분법으로부터 도망치거나 한쪽으로 치우치지 않고 있는 그대로 관찰할 수 있을 때 우리는 더욱 통합된다. 그리고 그렇게 통합되면 에너지 정렬의 수준을 의지를 갖고 바꿀 수 있게 된다. 내 꿈은 내가 더 통합된 인간이 되는 데 기여했으며, 나는 이 꿈이 이제 삶의 방식을 변형할 준비가 되었다는 영의 강력한 메시지였다고 생각한다.

나는 영적으로 볼 준비가 되지 않은 것은 절대로 우리 눈에 보이지 않는다고 확실하게 믿는다. 물론 심리적으로는 그렇게 느껴지지 않을 때도 있겠지만 말이다. 당신이 꿈에서 인식한 것이 있다면 그것은 다 그럴 만한 이유가 있어서다. 무엇을 발견하든, 꿈에 나타난 정보는 그 안내에 따르기로 선택하기만 한다면 도움이 되리라는 것만 알아주길 바란다.

꿈의 메시지를 해독하는 법을 다루는 장에서 당신은 자신이 개인무의식, 그리고 그와 관련된 모든 콤플렉스와 매일 밤 소통하고 있다는 사실을 배우게 된다. 이것은 당신의 꿈에 나오는 상징 및 이미지와 관련이 있다. 그러니 다시 한 번 말하지만, 아직도 꿈일기를 쓰고 있지 않다면 지금이라도 꼭 시작하길 바란다!

꿈 내용물에 대해 작업하는 게 도움이 되는 까닭은 꿈이 문제와 콤플렉스를 단지 보여주기만 하는 게 아니기 때문이다. 우리가 그다음에 무엇을 해야 하는지 혼이 알려주는 해결책과 안내 역시 꿈에 나온다. 우리는 꿈이라는 매개를 통해 가슴과 머리를 이해할 수 있는 가이드를 받는다.

당신이 무의식의 내용물을 적극적으로 다루어보겠다고 선택한다면, 당신의 삶은 흥미로워질 것이다. 진정한 참나를 발견하기 위한 여정에 올라선 것이기 때문이다. 이 평생에 걸친 여정 속에서 당신은 바꿔야 할 것을 얼마든지 바꿔가면서 더 좋은 기분을 만끽하고, 더 좋은 것을 창조할 수 있다.

꿈작업에서 집단무의식 이해하기

집단무의식은 칼 융이 만든 또 다른 개념이다. 아주 간단하게 설명하자면 집단무의식은 우리 인간이 모두 갖고 태어나는, 집단적으로 물려받은 정보다. 집단무의식은 당신의 개인무의식이 아니다. 그것은 모든 인류의 경험이 축적된 저장소다.

영적인 언어로 표현하자면, 우리가 우주의 지혜에 접속하고 그것의 영향을 받는 것을 집단무의식이라고 볼 수 있다.

집단무의식의 의미가 확실하게 와닿기 시작하는 건 고대 문명의 신화, 의례, 이야기(그리고 그와 관련된 상징)들을 볼 때다. 초기 문명의 탄생 설화나 보이는 세계와 보이지 않는 세계와의 관계를 드러내는 이야기들은 분명 공통의 무의식에서 나온 것으로 보인다. 지리적으로 수백, 수천 킬로미터 떨어져 있는 여러 문화에서 어떻게 그렇게 서로 비슷한 신화와 동화가 전래될 수 있는지도 역시 집단무의식으로 설명이 가능하다. 가령 유사한 창조 신화의 여러 다양한 버전들이 각기 다른 시기와 문화에 걸쳐 존재한다.

궁극적으로 고대의 지혜는 집단무의식에서 나온 것이며, 스토리텔링과 행동 학습을 통해 개인에게로 전해진다. 이러한 이야기나 내러티브는 우리에게 도움이 되는 것도 있다. 하지만 때로는 제약으로 작용하기도 한다.

가령 어떤 여성이 스스로의 힘으로 경제적 성공을 이루고 싶어한다고 해보자. 하지만 그녀는 대대로 여성이 경제적 자립을 이루지 못한 집안 출신일 수 있다. 아니면, 윗대의 모든 여성이 사회적 제약 때문에 경제적으로 어려움을 겪었을 수도 있다. 이 때문에 그녀는 여성은 본래 부자가 될 수 없다는 뿌리 깊은 신념을 (암시적으로나 노골적으로) 물려받았다. 이제 여성인 그녀는 내적 갈등의 소용돌이 속으로 빠진다.

그녀는 부를 이루고 싶지만 지금까지 배운 바에 따르면 그녀 본인이 여자이기 때문에 그렇게 하는 건 불가능하다(또는 매우 어렵다). 그리하여 그녀는 이렇게 상반되는 신념들의 갈등을 완화하기 위해 깨어 있는 삶에서 '공주' 역할을 맡는다. (그녀의 꿈은 자기희생의 상징들을 등장시킴으로써 이러한 내러티브를 모방하거나 반영할 것이다. 심지어 왕족과 가난한 인물들이 여러 방식으로 교류하는 내용이 꿈에 나올 수 있다.)

그리하여 그녀는 이제 구원을 필요로 하는 공주로 변신하여 자신을 구해줄 부유한 왕자님을 찾는다. (그나저나 그녀의 왕자님 역시 집단적으로 물려받은 역할을 연기하는 것일 수 있으며, 그가 선택만 한다면 똑같이 이 역할에서 빠져나올 수 있다.)

부를 둘러싼 그녀의 뿌리 깊은 신념은 집단무의식, 즉 그녀와 연결된 조상들의 실제 경험과 본인의 삶 모두에서 나온 것이다.

언제든 그녀는 내면에서 용기를 그러모아 스스로를 구원할 수 있다. 본인 스스로 자신을 구하기 전까지, 그녀는 이러한 신념을 자각하게 만드는 꿈을 꾸게 될 것이다. 신념을 알아차리고 바꿀 수 있도록 말이다! 그녀의 꿈은 내면의 힘을 되찾으라는 은유적 메시지를 밤마다 보낼 것이다. 부를 일구어 자유로워지라고 말이다.

그녀는 야수나 사악한 인물에 쫓기다 결국 뒤돌아 그것과 정면으로 마주하거나 심지어 그것의 목을 베는 꿈을 꿀 수 있다. (이 꿈은 그녀가 자기 삶의 주인공이 될 수 있고 두려움을 이겨낼 수 있음을 보여준다.) 혹은 두 손이 부러져 손을 치료해야 하는 꿈을 꿀 수도 있다. (그녀의 삶은 그녀의 손에 달렸다.) 아니면 자신이 현재 살고 있는 삶과 유사한 시나리오를 배경으로 윗대의 여성이 장애를 입거나, 묶이거나, 다치는 꿈을 꿀 수도 있다. (꿈에서 할머니가 자신이 현재 다니는 사무실이나 집과 똑같이 생긴 공간을 다리를 절뚝거리며 지나간다.) 그녀가 깨어 있는 삶에서 내면의 힘을 되찾을 수 있게, 꿈속 이미지는 구체적이면서도 많은 것을 자극할 것이다.

그녀가 집단적으로 물려받은 내재화된 뿌리 깊은 신념을 직면하기 전까지 그녀는 그 신념에 사로잡혀 있을 것이다. 이것은 우리 모두 마찬가지다.

건강하지 못한 패턴에서 벗어나려면 문제를 둘러싼 뿌리 깊은 신념을 직면하고 놓아야 한다. 이런 자각은 꿈작업이나 다른 종류의 적극적인 무의식 작업을 통해 할 수 있다. 이렇게 치유 작업을 거치고 나면 우리는 진심으로 경험하고 싶은 것과 더 잘 어울리는 새로운 내러티브를 자기도 모르게 쓰고 있게 된다.

결국, 더 쉽고 빠르게 원하는 것을 창조(또는 현실화)하려면 집단적으로 물려받은 뿌리 깊은 신념을 자각하고, 더 중요하게는 그 신념을 바라보는 시각을 바꿔야 한다. 그렇게 하면 저항을 내려놓고 자신이 삶에서 진심으로 창조하고 싶어하는 것과 하나로 연결될 수 있다. 별 의심 없이 사회의 주입에 따라 창조하라니 창조했던 것과는 다르게 말이다.

다행스럽게도 우리 모두는 꿈을 통해 무의식에 접근할 수 있다. 보통몽에서 우리는 상징을 매개로 무의식과 교류한다. 자각몽에서는 능동적이고 직접적인 의식하에서 무의식과 교류한다. 나는 꿈속 인물을 다루는 후반 장에서 이 근본적인 차이에 대해 더 깊게 들어갈 예정이다. 그러니 지금은 그저 스스로에게 다음 질문을 해보라.

내가 삶에서 경험하고 싶은 것은 무엇인가? 더 많은 돈, 편안함, 사랑, 건강, 안전? 그것이 무엇이든 이루고자 하는 것과 관련해 자신이 어떤 이야기와 신념을 갖고 있는지 들여다볼 필요가 있다. 문화적 주입, 대물림되는 유사한 패턴의 트라우마, '난 안 돼'라고 생각하게 만드는 개인적 경험 등등 여러 방해물들이 있지만 그럼에도 당신은 좋은 것들을 누릴 자격이 있다. 그리고 꿈은 그 방법을 보여줄 것이다.

삶과 꿈에서 집단무의식과 개인무의식 모두를 작업하게 되면 당신은 자신을 오랫동안 옭아매온 신념의 족쇄에서 벗어나기 시작한다. 그러면 무의식에 끌려다니는 게 아닌, 가슴이 원하는 바를 실천해 옮기기가 점점 쉬워진다. 무의식적 끌림의 정체를 똑바로 자각하고 있기 때문이다. 매일 꾸는 꿈에서나 자각몽에서 당신은 기저에

깔린 동기, 즉 당신의 '이유'를 캐낼 수 있다. 그리고 당신도 알다시피, 그것의 정체를 파악하면 삶을 더 나은 방향으로 바꿀 수 있다!

가령 나는 자각몽을 '너무나도' 경험하고 싶어하는 고객과 작업한 적이 있다. 그에게 왜 자각몽을 꾸고 싶으냐고 물었을 때 그는 대답하지 못했다. 한참을 대화한 끝에 그가 꿈 생활을 통제하고 싶었던 건 깨어 있는 삶에서 느끼던 극도의 무력함과 초라함 때문이라는 사실을 알게 되었다.

그는 자각몽이 주는 자유의 느낌을 꼭 경험하겠다고 단단히 작정한 상태였다. 자유로운 해방감이 주는 흥분은 당시 그가 깨어 있는 삶에서 겪고 있던 경험과 완전히 반대되는 것이었기 때문이다.

자각몽은 그가 꿈에서, 이후에는 깨어 있는 삶에서 상황 대처 능력을 되찾는 데 대단히 큰 도움이 되었다. 그는 자각몽을 통해 꿈속에서 자유로운 경험을 적극적으로(그리고 더 쉽게) 창조했고 이후 이 느낌을 깨어 있는 삶으로까지 계속 이어나갔다. 다시 말해, 꿈에서 감정적으로 도움이 되는 경험을 하자 이를 계기로 그때까지 자신을 막고 있던 문제를 해결하려고 행동에 나설 수 있게 되었다.

자각몽을 통해 그는 목적의식을 갖고서 당당하고 자주적으로 삶과 마주할 수 있는 힘이 이미 내면에 존재한다는 사실을 알게 되었다. 이제는 행동해야 하며, 이전까지 깨어 있는 삶에서 계속해서 되뇌던 피해자 내러티브를 더 이상 믿을 필요가 없다는 것을 깨달았다.

당신은 이 사람만큼이나 통찰적이고 유익한 이유로 자각몽을 꾸고 싶을 수 있다. 아니면 훨씬 가벼운 마음으로 시도해보는 것일 수도 있다. 가령 의도적으로 자각몽을 꾸고 싶어하는 사람 중 많은 경우가, 우연히 자각몽을 꿨는데 그때 기분이 너무 좋아서 다시 한 번 경험해보고 싶은 사람들이다! 근본적인 동기, 즉 당신의 숨겨진 '이유'가 무엇이든 꿈은 언제나 당신을 끌어주는 가이드가 될 것이다.

실전 연습: 나를 돌아보는 꿈일기

이 장 앞부분에서 나는 꿈작업을 시작하게 된 동기가 무엇인지 종이에 적어달라고 요청했었다. 이제 그 종이를 다시 읽어보면서 혹시 눈에 띄는 믿음이나 패턴이 있는지 확인해보라. 당신의 꿈작업 동기에 영향을 주는 무의식적 신념이 있는 것 같은가?

꿈작업에 대한 자신의 동기를 다각도로 이해하면 많은 통찰과 도움을 얻을 수 있다. 내 사막 꿈과는 다르게 당신의 근본적인 동기는 회피나 두려움이 아닌 통합의 자리에서 유래한 것일 수 있다.

당신이 무엇을 발견하든, 꿈이 제시하는 안내를 실천하겠다고 선택하기만 한다면 꿈이 보여주는 정보는 도움이 된다는 사실만 알아주길 바란다. 어쨌든 당신을 가장 잘 아는 사람은 당신 본인이다. 그리고 삶에서 더 이상 도움이 안 되는 것은 언제든 바꿀 수 있는 힘이 당신의 내면 안에 있다. 꿈은 그 내면의 힘과 지혜로 가는 길을 확실하게 안내해줄 것이다.

나를 돌아보는 질문들

1. 내 삶에서 현재 잘 풀리고 있는 것은 무엇인가?

2. 내 삶에서 그다지 잘 풀리지 않는 일은 무엇인가?

3. 위에 적은 문제는 일회성 문제인가 아니면 평생 어려움을 겪어온 오래된 패턴인가? 가령 언제나 돈 때문에 말썽이었나? 아니면 연애 때문에?

4. 위의 질문에 '그렇다'라고 답했다면 당신은 무의식적인 신념들과 겨루고 있을 가능성이 크다. 그렇다면, 당신은 꿈에서(자각몽과 보통 몽 모두에서) 좋은 방향으로 나아갈 수 있는 길을 안내받을 준비가 되어 있는가?

5. 당신은 삶에서 누군가가 지정해준 역할이나 패턴을 연기하고 있다는 느낌이 드는가? 당신은 언제나 희생자, 양육자, 보호자 아니면 부양자인가?

2장

감정, 직감, 그리고 당신의 모든 꿈

많은 사람들이 그게 어떤 것인지 알고 있다. '우리가', '그것이', '일들이' 결국 이 꼴이 되었음을 목도하고 망연자실해지는 기분. 왜 이런 일이 벌어졌는지에 대해 이런저런 이유를 댈 수 있지만, 어느 것 하나 탓할 수는 없다. 어쩌면 당신은 연애나 결혼생활이 기대했던 것처럼 풀리지 않았을 수 있다. 혹은 자신에게 정말로 신성한 무언가를 아주 서서히 도둑맞아서 마음의 문을 닫아버리는 것 말고는 다른 선택지가 없는 것처럼 느껴질 수 있다. 아니면 어릴 적에 말을 잘 듣는 아이였는데 그게 지나치게 굳어진 나머지 어른이 되어서도 예의 바름이라는 새장에 갇혀 옴짝달싹 못하고 있을 수 있다.

어쩌면 당신은 자기도 모르게 완벽한 부모, 애인, 아이 또는 상사의 탈을 쓰게 되었고, 이제는 그것만이 자신을 비롯한 다른 사람들이 볼 수 있는 전부일지 모르겠다.

혹은 마음속으로는 사실 그 결과를 짐작하고 있던 길을 따라갔다가 결국 막막한 지경에 이르렀을 수도 있다. 아니면 반짝반짝 빛나는 목표 하나만 보고 집착하듯이 좇았는데, 정작 그것을 이루고 나니 그렇게 많은 대가를 치러가면서까지 성취할 가치가 없었음을 깨달았을 수도 있다.

이럴 때 내가 가장 자주 듣는 사람들의 반응은 당신의 예상과는 달리 "왜 이런 일이 일어났지?"가 아니다. 사람들이 훨씬 더 비통하게 내뱉는 말은 언제, 즉 "언제 일이 이 지경이 됐나?"이다.

직감과의 연결은 방심하는 순간 매우 쉽게 끊어진다. 직감적 본성은 우리의 길들지 않는 부분으로서 삶의 지세와 순환을 어떻게 헤쳐 나가야 하는지 깊은 수준에서 감으로 안다. 하지만 사회적 또는 문화적 압박이나 트라우마, 자신이 자초한 선택 때문에 우리는 자신의 직감과 감정과 점점 분리된다.

이런 분리가 점진적으로 진행돼 나중에서야 깨닫는 경우도 많다. 부모나 회사 대표가 되었는데, 몇 년이 지난 어느 날 아침 문득 자신이 불행하다고 느끼는 것이다. 당신은 자신의 욕구를 모두 뒷전으로 미뤘다. 기본적인 욕구뿐 아니라, 충만함을 느끼게 해주는 더 깊은 차원의 더 중요한 직감적 욕구까지도. 다른 것 또는 다른 사람을 위해 본인의 내면을 희생한 것이다.

때때로 직감적 본성과의 연결은 어떤 합의가 이루어지는 순간 끊어지기도 한다.

나는 이런 경우를 '사랑 없는' 결혼생활 중인 사람들에게서 가장 자주 본다.

그들은 경제적으로는 전혀 문제없이 살지만 그 대가로 겉만 번지르르한 배우자 노릇을 해야 한다. 혹은 트라우마로 깊은 내상을 입은 나머지 직감적 본성과의 연결이 손상되는 사람들도 있다.

다행스럽게도 직감적 본성은 당신의 과거에 무슨 일이 일어났든 일어나지 않았든 별 신경 쓰지 않는다. 그저 당신이 지금 어떤 상태이며, 자신과 다시 소통할 의지가 있느냐에만 신경 쓴다. 당신이 완벽한 부모인지, 파트너인지, 애인인지, 상사인지에도 관심이 없다. 돈이 얼마나 많은가는 더더욱 관심 밖이다. 직감적 본성의 유일한 관심사는 당신이 삶과 얼마나 멋들어지게 춤을 추고 있는가이다. 그것은 당신이 스스로에게 묻기를 기다린다.

나는 먹고사는 것에 그치지 않고 '살아 있는가?'

우리가 직감적 본성과 연결이 끊기면 꿈은 대단히 도발적인 색을 띤다. 이것은 내면의 상태를 조정해 균형을 맞추고자 정신이 취하는 조치이다. 그리고 여기서 말하는 정신은 본래 의미인 프시케, 즉 혼을 뜻한다.

당신의 혼은 당신이 일종의 산주검 상태로 영원히 굳어지기 전에 본연의 창조적인 직감을 되찾으라고 소리 높여 요구한다. 당신을 마비 상태에서 구하기 위해 혼은 요란한 목소리로 분명하게 말한다. 다음의 예를 통해 정신이 어떻게 우리를 안내하는지 살펴보자.

한 전업주부가 몽유병 걸린 시체처럼 그저 부유하듯 살고 있었다. 본인 말에 따르면 그녀는 심연에 빠졌는데 이제는 이러나저러나 상관없다고 했다. 그녀는 자신이 행복한 결혼생활을 하고 있고 "정말 문제가 되는 일은" 하나도 없다고 나에게 말했다(본인도 확신했다). 아이들은 행복했다. 배우자도 그녀를 사랑했다. 가족 모두가 건강했다.

그래서 그녀는 그저 아침에 일어나서 '해야 하는 일을' 했다! 하지만 심연은 여전히 그 자리에 있었다. 그렇다면 그녀의 삶은? 그녀는 그 어떠한 것도 느끼지 못한 채 단조롭게 살았다. 마치 동상에 걸린 것처럼 감각이 없었다. 하지만 어느 날 밤 주의를 기울일 수밖에 없는 강렬한 꿈을 꾸게 되었고, 그녀는 깨어나자마자 그 의미를 반드시 알아내야겠다는 생각에 사로잡혔다. 꿈의 내용은 다음과 같았다.

애비(가명)는 동네 헬스장에 있다. 그녀는 깨어 있는 삶에서와 똑같이 로봇처럼, 하던 대로, 흐리멍덩한 태도로 헬스장에 들어간다. 고개를 한 번 까딱하고 접수대를 통과한 뒤 그녀는 수영장으로 향한다.

계속 앞으로 걸어가던 그녀는 수건이 운동 가방에서 삐져나오는 걸 불현듯 발견한다. 짜증이 난 그녀는 걸음을 멈추지는 않고 속도만 늦춘 채 수건을 불룩한 가방에 밀어 넣는다. 그런데 수건을 가방 속으로 넣으면 다른 물건들이 튀어나온다. 으! 이제 그녀는 송곳 같은 집중력을 발휘해 모든 물건을 가방 안으로 마구 쑤셔 넣는다.

약간의 저항이 있긴 했지만 결국 꽉 찬 가방 속으로 모든 게 기적처럼 들어갔다. 이 모든 일이 일단락되고 정신을 차린 그녀는 자신이 수영장으로 내려가는 계단 꼭대기에 서 있다는 사실을 깨닫는다.

그녀는 머릿속으로 계단을 인지한 뒤 조심해서 내려간다. 한 발한 발 내려가며 그녀는 자신의 발을 본다. 왼발, 오른발, 왼발, 오른발, 차례차례. 그러다 생각 하나가 불쑥 지나간다.

그녀는 헬스장 지리를 아주 잘 알고 있기 때문에(어쨌든 매일 다니는 곳이니까) 설령 두 눈을 가리더라도 계단을 안전하게 내려갈 수 있을 것이다.

계단 맨 아랫단에 도착한 그녀는 코를 찌르는 염소 냄새로 자신이 수영장에 도착했음을 알았다. 그런데 냄새로 완전히 주의를 돌리기 전에 짜증스럽게도 운동 가방에서 또 수건이 삐져나와 있다. 그녀는 일단 내용물을 무작정 쑤셔 넣어 기어코 가방을 꽉 잠근다.

이제 가방을 바닥에 내려놓은 그녀는 수영모를 쓰기 시작한다. 숱이 풍성한 머리를 억지로(하지만 단정하게) 수영모 안으로 겨우겨우 다 집어넣는다. 마침내 고개를 든 그녀의 눈에 수영장이 들어온다.

더 정확하게는 수영장 가장자리에 앉아 있는 늑대가 보인다. 자신이 위험하다는 사실을 직감한 그녀의 눈이 좌우로 거세게 흔들린다. 늑대는 그저 그녀를 가만히 쳐다보고만 있을 뿐이다. 그 순간 그녀는 늑대가 '처음부터 끝까지' 절대적 고요와 침묵 속에서 자신을 지켜보고 있었음을 확신한다. 누군가의 시선에 노출되어 있었음을 자각하자 그녀는 뼛속까지 불안해진다.

늑대가 그녀를 쳐다본다. 이제 그녀는 똑같이 늑대를 쳐다보는 것 외에는 아무것도 할 수 없다. 도망가고 싶지만 다리가 꼼짝도 하지 않는다. 그리고 믿을 수 없는 광경이 그녀의 눈앞에 펼쳐진다. 늑대가 뒷다리로 선 채 그녀에게 물로 뛰어들어 수영을 하라고 손짓한다.

그녀는 땀에 흠뻑 젖은 채 두려움에 떨며 꿈에서 깬다. 하지만 그녀는 마침내 살아났다.

잡아먹혀서는 안 되는 감정들

방금 말했듯이 애비는 끔찍하게 무서워하며 꿈에서 깼다. 이 두려움은 그녀의 정신이 꿈을 매개 삼아 그녀에게 접촉하자 자연스레 올라온 본능적 반응이었다. 이 꿈을 꾸기 전까지 몇 달간 그녀는 정말 아무것도 느끼지 못했다. 하지만 꿈은 불편하기는 했을지언정 감정으로 가득했다. 일상에서 자신의 느낌을 계속 부정해왔기 때문이다.

그녀의 꿈은 근시일 내에 위험이 닥칠 것이라는 의미가 아니었다. 이것은 어떤 의미로도 예지적인 꿈이 아니었다. 이 꿈은 그녀가 쳇바퀴 돌리듯 익숙한 방식으로만 살아가는 것을 막기 위한 것이었다. 그녀가 자신의 직감적 본성과 다시 연결될 수 있도록, 그리하여 놀이와 기쁨을, 창조력과 사랑을, 웃음과 섹스를 삶으로 다시 초대할 수 있게 말이다. 그녀의 꿈은 그녀에게 삶과 정신 내부에 쳐놓았던 장벽을 무너뜨리라고 요청했다.

직감적 본성과의 연결을 회복하기 위해 자신의 기본 토대를 다 불살라버릴 필요는 없다. 그저 조금만 바꾸면 될 수도 있다. 가령 특정 사람들에게 의도적으로 선을 긋고 그 안으로 들어오지 못하게 하거나 정체된 내면의 신념을 놓아주기만 하면 된다.

많은 사람들에게 이것은 혼의 신성함을 솔직하게 발휘하는 것을 의미한다. 극단적인 통제는 언제나 생명력을 빨아먹고, 실제로 그렇게 되면 당신의 토대는 은유적인 의미에서 불타 무너질 수 있다!

직감과의 연결이 단절됐을 때 어떻게 하면 더 잘 살 수 있는지를 가르쳐주는 이상적인 '7단계 프로그램' 같은 건 없다. 그 방법을 딱 잡고 정리하려는 시도조차 직감적 본성에 위배되는 일이다. 현재 삶의 어떤 주기를 통과하고 있는 중이든 당신은 그에 맞게 선택해가며 미지의 길을 헤쳐 나가야 한다. 하지만 이것만은 말할 수 있다. 시간이 당신의 동지가 되어줄 것이다.

본인의 직감과 재연결하는 데 충분히 시간을 들인 뒤 자신이 생각하는 가장 좋은 방향으로 변화를 만들어가라. 당신의 자유분방하고 심오한 직감과 직관은 어쩌면 당신의 이성은 이해하지 못할 법한 방식으로 당신을 스리슬쩍 밀 수 있다.

감정이 고장 난 것 같다면, 어찌할 바를 모르겠다면, 화가 난다면, 비탄스럽다면, 속이 부글부글 끓는다면, 갑갑하다면, 혼란스럽다면, 아무것도 느껴지지 않는다면, 가슴이 산산이 조각난 유리처럼 터져 마음이 고통으로 가득 차 있다면, 꿈에 주의를 기울여주기를 바란다. 꿈은 치유 연고가 되어줄 것이다.

꿈은 이미지, 더 중요하게는 그 이미지가 당신에게 불러일으키는 감정을 통해 앞으로 나아가야 할 길을 안내한다. 당신이 가장 필요한 길로 나아갈 수 있게끔 방향을 조정해준다. 즉, 당신이 가장 직감적이고 창조적인 본성으로 되돌아갈 수 있게 방향을 돌려준다.

만일 꿈에 나오는 이미지가 냉혹하고 폭력적이고 사납다면, 더더욱 삶에서 틀어 막혀 있고, 제약당하고, 기저부 아래에서 들끓고 있는 것에 주의를 기울여야 한다.

애비의 경우 그것은 자신의 본래 모습을 되찾는 것이었다. 그녀는 엄마와 부인이 되기 전에 자신이 좋아했던 것을 생각하는 게 무척이나 도움이 된다는 사실을 알게 되었다. 그녀는 '완벽한 엄마'가 되어야 한다며 본인이 자초한 강박을 내려놓았다. 그녀는 자신의 성적 취향을 재발견했고, 이 과정을 대단히 즐겼다.

이에 더해 그녀는 어떠한 상황에서도 타협하지 않고 매일 자신이 진짜 어떤 감정을 느끼는지 살펴보는 시간을 가졌다. 음식을 먹을 때는 자신을 비난하지 않았고 마음이 맞는 여성들과 만나 진정한 우정을 나누었다. 경쟁을 멈추고 사람들과 소통하기 시작했다.

이 모든 일은 하룻밤에 이루어지지 않았다. 사실 몇 달이 걸렸다. 하지만 이제 시간은 무의미해졌다. 시체처럼 무감하게 고된 일을 해치워버리듯 삶을 살아내던 그녀가 이제는 삶 속에 뛰어드는 경험을 하고 있기 때문이다.

내 안의 진실을 완전히 인정하고 나면 비로소 변화가 일어난다. 헛소리에 리본을 달아놓고 부케라고 내밀 수는 없는 노릇이다. 그러니 현재 자신의 직감적 본성과의 연결 상태가 어떠하든 다음의 내 말을 명심해주시라.

당신의 꿈은 되돌아가는 길을 보여줄 것이다. 쉬어야 할 때, 밀고 나가야 할 때, 싸워야 할 때, 사랑할 때, 놓아주어야 할 때를 알려줄 것이다. 당신의 발목을 잡고 있는 게 무엇이든 그것을 변형하고 바꾸는 방법을 정확하게 말해줄 것이다.

직감적 본성의 핵심은 '느낌대로 따라가는 것'이다. 당신은 오후 내내 태양 아래에서 빈둥거릴 수도 있다. 아니면 저녁에 마음 가는 대로 별빛 아래에서 춤을 출 수도 있다. 외모에 대한 이런저런 생각은 잊고 그냥 있는 그대로의 내 몸을 즐길 수도 있다. 명심하라. 직감적 본성을 보살피는 것은 일회성으로 끝나는 일이 아니지만, 혼을 담은 창조적인 행동 단 하나만으로도 직감적 본성과의 연결은 다시 깨어날 수 있다.

직감적 본성은 성별을 신경 쓰지 않는다

직감적 본성은 정체성과는 상관없이 우리 모두의 내면에 존재한다. 앞서 여성의 이야기를 예로 들었지만, 누구나 직감적 본성과의 연결을 잃을 수 있다. 많은 사람들이 사회화를 거쳐 스테레오타입의 사고에 물든다. 돈을 번다든가 가정을 꾸린다든가 하는 전형적인 생각에 완전히 몰두하게 되는 것이다. 이렇게 사람이 자신의 모든 면면을 탐색할 여유가 없어지면 직감적 본성을 잃게 된다.

나는 나약한 면을 드러내지 않는 '진짜' 남자로 길러지는 바람에 직감적 본성을 잃어버려 고통받는 남자들을 많이 봐왔다. 사회는 남성들에게도 여러 방식으로 실망감을 안겨주었다. 남자들은 자신에게도 풍요로운 내면을 가꿀 자격이 있음을 잊어버렸다. '진짜' 남자 그 이상이 될 수 있는 권리가 자신들에게 있으며, 누군가를 지배하기 위한 무한경쟁의 장에서 내려와 설령 아주 잠시뿐일지라도 내면의 혼이 바라는 욕구를 채울 수 있음을 말이다.

당신이 어떤 목표를 이루면 그때부터 진짜 제대로 된 삶을 살 수 있고 또는 'X, Y, Z'를 하게 될 수 있을 거라고 굳게 믿고 있다면, 지금 이 순간 느껴지는 감정을 그대로 인정하는 것만 일단 해보기 바란다. 내면의 삶을 돌본다면 당신이 어떤 환경에 처해 있든 더 살아 있다는 느낌을 경험하게 될 것이다.

모든 게 맞아떨어져서 드디어 삶을 즐길 수 있는 완벽한 타이밍은 절대 오지 않는다. 자신의 직감적 본성에 더 가까이 귀 기울일 때, 목표를 이루기까지의 과정은 더욱 즐거워질 것이다. 직감적 본성은 끌어당기는 힘이 있지만 그러자면 나답게 살아야 한다. 우리 모두에게 해당하는 말이다.

꿈은 치유를 촉진하지만 그 과정은 녹록지 않을 수 있다

직감적 본성과의 연결이 끊겼을 때는 흔히들 쫓기거나 어떤 식으로든 위협받는 꿈을 많이 꾼다. 특히 일상에서 견디기 어려운 감정을 느끼고 있을 때는 더욱 그렇다. 동물이 위험에 빠지거나 어딘가 상처를 입어 도움이 필요한 꿈도 자주 꾼다. 대개 다친 동물을 돌보는 당신의 모습은 내면의 치유를 촉진하는 당신의 현재 능력을 가리킨다.

혹은, 누군가 또는 당신 외부에 있는 무언가가 당신을 구해주는 꿈(혹은 구해주려고 하는 꿈)을 꿀 수도 있다. 두 버전 모두 변성을 암시한다. 가령 상처 입은 양이 보살핌을 받고 다시 걷는다. 독수리 한 마리가 당신 머리 위를 날다가 당신을 쫓고 있던 망토 입은 인물을 공격하기도 한다. 도움은 당신의 감정을 가장 크게 뒤흔드는 이미지의 형태로 온다.

자신의 직감과 조화를 이루고 있는 상태라면 꿈에서 황홀한 '동물 경험'을 하는 경우도 상당히 흔하다. 아름다운 말을 타고 가고 싶은 방향으로 마음껏 달려가는 꿈이 그 예다.

혹은 어디로 향하고 있는지 짐작도 못하겠는데 말이 무시무시한 속도로 질주하고 있다면 이 꿈은 당신이 욕망과 내면의 충동에 지배당하고 있다는 사실을 일깨워주는 것일 수 있다. 이 경우, 당신은 깨어 있는 삶에서 기본적인 욕망에 대한 통제의 끈을 다잡을 필요가 있다.

앞선 애비의 꿈은 상징의 의미와 메시지가 강렬하다. 하나씩 분석해가며 자세히 살펴보자.

그녀는 헬스장에 있다. 그녀에게 무척 익숙한 장소다. (헬스장은 그녀의 정신을 나타낸다.) 그녀는 주위 사람들이나 헬스장에서 일어나는 소란에는 전혀 관심이 없다. 그저 운동 가방과 계속해서 삐져나오고 있는 온갖 물건들에만 신경이 쓰인다. (가방은 그녀의 정서적 상태를 나타낸다.)

그녀는 모든 걸 쑤셔 넣는다. 다시 말해 그녀는 자신의 모든 감정을 억누르려고 애쓴다. 하지만 그 망할 귀찮은 수건, 그녀를 따뜻하고 뽀송뽀송하게 감싸주는 물건이 계속해서 튀어나온다. 그녀의 감정은 분출이 필요하고, 그것은 어떤 식으로든 밖으로 나올 방법을 찾을 것이다. 수건이 그러했듯이.

수영장으로 이어지는 계단을 내려가며 그녀는 눈 감고도 내려가겠다는 생각을 한다. (그녀는 층층으로 이루어진 자신의 정신 속으로 내려가는 방법을 본능적으로, 그리고 직관적으로 안다. 자신이 가는 길을 눈에 불을 켜고 볼 필요가 없다.) 그녀는 자신의 아름다운 머리를 불편한 수영모 속에 욱여넣는다. (머리는 꿈과 이야기 모두에서 성욕이나 힘을 나타낼 때가 많다.)

그녀는 수영장에 도착한다. (수영장은 그녀의 무의식을 상징한다. 이곳에 오기 위해 계단을 내려와야 했기 때문이다. 만일 수영장이 맨 위층에 있었다면 아마 그 의미는 달라졌을 것이다.)

그리고 그녀는 자신에게 뛰어들어 수영하라고 손짓하는 외로운 늑대를 본다. 본인의 무의식에, 감정에, 직관(수영장과 수영)에 주의를 기울이라는, 그리고 다시 한 번 자신의 직감을 되찾으라는(내면의 늑대를 발견하라는) 명료한 메시지다! 이 꿈이 그녀에게 전하는 핵심 메시지는 직감적 본성과의 연결을 다시 소생시키라는 것이었다.

애비와 마찬가지로 당신의 꿈 역시 당신 스스로를 치유하고 최선의 자기가 되기 위해서는 감정과 생각을 어떻게 사용해야 하는지 그 가이드를 제시한다.

변형과 재생의 과정에서 꿈이 하는 역할

애비는 깨어 있는 삶에서 카타르시스를 경험했다. 그녀는 억눌린 모든 감정을 해방시켰다. 꿈이 제시한 가이드의 직접적인 결과로 그녀는 꼭 필요한 변화를 삶에서 단행했고, 그 결과 척하기를 그만두고 실제로 기분이 좋아졌다! 우리 모두 할 수 있는 한 좋은 기분을 느끼고 싶어하지 않는가.

감정이 막히면 직감 역시 자연스럽게 억눌리며, 그러면 직관과의 연결도 질식 상태에 빠진다. 감정과의 연결을 막아버리거나 닫아버리면 당신은 옴짝달싹 못 하게 갇혀 있는 느낌이 들 것이다. 하지만 완전히 반대의 경우에도 마찬가지다. 감정을 느끼는 족족 결과를 고려하지 않고 어떤 형태나 방식으로든 마구 분출하는 경우에도 단절을 느낄 수 있다.

후자의 경우는 감정 표출에 고착되어 있는 것이다. 짜증이나 분노를 다스리지 못해 언제나 나중에 후회하는 사람을 생각해보라. 혹은 지나치게 호전적이어서 상대의 감정이나 느낌은 배려하지 않고 교류나 관계에서 적대감으로 일관하는 사람을.

이런 시나리오의 경우, 꿈은 이 조절되지 않는 감정을 가리키는 상징을 보여준다. 하늘을 찌르는 분노를 경험하는 사람은 자신을 무자비하게 쫓는 연쇄살인범의 꿈을 꿀 수 있다.

아니면 완전히 반대되는 상징을 제시하여 꿈을 꾸는 사람이 감정을 조절할 수 있게 해주기도 한다. 감정적으로 잘 폭발하는 사람이 매우 고요한 정경이 나오거나 물가에서 노는 꿈을 꿀 수 있다. (꿈을 꾸는 사람이 물속에서 어른거리는 괴물의 존재를 갑작스레 알아차린다면, 이것은 그가 의식의 표면 아래에 있는 무언가와 씨름 중임을 보여준다. 내면의 괴물은 이제 자신의 존재를 드러낼 준비가 되었다. 즉, 이 꿈은 '감정적 괴물'로부터 도망치는 게 아니라 그것을 직면하는 가능성을 일깨워주고 있다.)

그렇긴 하지만 감정적 상태를 나타내는 꿈의 상징은 무언가를 담는 용기容器로 나타날 때가 많다. 애비의 꿈에서 그녀의 운동 가방은 상징적 용기다! 그것은 차, 가방 심지어 타파웨어 등, 모든 종류의 용기가 될 수 있다. 그럴 만한 이유가 있는 것이, 용기는 그 안에 내용물을 담는 상징적 그릇이다. 그리고 애비의 경우, 그 내용물은 감정이다.

감정을 수용하지 못하겠다고 느낄 때 우리는 광범위한 스펙트럼의 다양한 감정과 삶의 경험 앞에서 안전을 느끼지 못한다. 그래서 꿈은 우리가 감정과 삶의 경험을 관찰하고, 경험하고, 받아들이는(수용하는) 능력이 어느 정도인지를 알려준다. 그 결과 우리는 상태나 조건에 따라 바구니, 가방 심지어 관 같은 용기의 상징들을 꿈에서 본다.

다시 말해, 꿈의 이미지와 상징은 꿈을 꾸는 사람이 감정적으로 얼마나 안전함을 느끼는지 보여준다. 가령 꿈에서 깨지거나, 낡았거나, 부서진 용기가 나온다면 꿈을 꾸는 사람의 감정적 패턴 역시 같을 가능성이 크다. 그들은 위협받고, 쇠약하고, 지치고, 어딘가에 매몰되고, 감정적으로 지지받지 못한다는 느낌에 시달리고 있을 수 있다.

사람은 자고로 감정을 수용받고 인정받아야 한다. 꿈은 우리가 자기 자신으로부터 그리고 관계를 맺고 있는 주위 사람들로부터 그런 종류의 감정적 수용, 즉 사랑과 지지를 얼마나 받고 있다고 느끼는지 혹은 받지 못한다고 느끼는지 알려준다.

그러니 당신이 감정적으로 막혀 있거나 느끼는 모든 감정에 휘둘리고 있다면, 당신은 현재 불균형 상태이다. 이 말은 당신이 지금 느끼는 바를 부정해야 한다는 뜻이 아니다. 오히려 정반대. 있는 그대로 느끼되 다만 감정은 그 순간에 일시적으로 드러나는 표현일 뿐 영원하지 않다는 것을 알아야 한다.

감정을 다루거나 표현하는 방식이 특정한 패턴으로 고착된 지 오래라면, 당신은 조화의 상태에서 벗어난 것이다. 우리 모두 이런 상황을 때때로 겪기 때문에 이것을 나쁘게 생각할 필요는 없다. 꿈작업은 그저 우리가 조화의 상태로 더 빨리 되돌아갈 수 있게 도와준다.

감정적 조화 및 균형 상태에 도달하기 위해서는 붙잡고 있던 것을 놓아버려야 할 때가 많다. 맨날 똑같은 방식으로 대처하는 습관에서 탈피하기. 과하게 쌓인 것을 털어버리는, 일종의 카타르시스. 그것을 허락한다면 우리는 변형이 일어날 수 있는 지점에 도달할 수 있다. 다시 말해, (트리거, 경험, 그 사람 혹은 과거 뒤에 숨어 있는) 감정을 충분히 인정하고, 느끼고, 대면하고, 내려놓는다면 말이다. 우리는 이것을 바닷물이 범람하여 들이닥치는 꿈의 사례에서 명확하게 확인할 수 있다.

해일몽

한 마디로 설명하자면 해일몽은 꿈꾸는 사람에게 무력감을 느끼게 하는 하나의 이미지(소위 중심 이미지)를 중심으로 벌어지는 꿈이다. 명칭은 해일몽이지만 사실 중심 이미지가 꼭 해일海溢일 필요는 없다. (하지만 많은 경우에 실제 해일이 등장한다!) 그것은 불일 수도, 한 무리의 사나운 군인들일 수도, 토네이도일 수도 있다. 경험하는 게 고통스러운 하나의 핵심 이미지가 꿈을 지배하면 그것이 해일몽이다.

이 말을 처음 사용한 사람은 저명한 연구가 어니스트 하트만Earnest Hartmann 박사다. 그는 연구 및 수많은 환자와의 작업을 통해 깨어 있는 삶에서 트라우마를 겪은 사람은 특정 유형의 꿈을 꿀 때가 많다는 사실을 알게 되었고, 이것을 해일몽이라고 명명했다.

꿈속 해일의 본질은 트라우마 사건이나 그것과 관련된 기억을 반복해서 재현하는 데 국한되지 않는다. 해일은 새로운 이미지를 창조할 수 있는 우리 마음의 능력을 보여준다. 즉, 해일은 우리의 삶 전반에 깔려 있는 지배적인 감정과 느낌을 부각시켜 보여줌으로써 꿈꾸는 사람이 실제 일어난 일을 감정적으로 잘 받아들일 수 있게 도와준다.

해일 앞에 서면 누구라도 속수무책의 무력감을 느낀다. 그래서 이 꿈의 핵심은 두려움을 이겨내는 게 아니다. 꿈꾸는 사람이 감정을 인정하고 '끝까지 겪도록' 유도함으로써 두려움을 소화하고 무력함의 느낌을 경험하거나 재경험하게 만드는 것이다.

그러니 만일 당신이 해일몽을 꾸었다면 그것은 자기 스스로에게 자비심을 발휘하여 치유가 필요한 부분을 들여다보라는 명백한 신호다. 필요하다면 치유 과정을 도와줄 외부 전문가의 도움을 받는 것도 좋다.

당신이 트라우마의 직접적인 결과로 현재 두려움에 휩싸여 있다면, 부디 꿈이 당신을 해치려고 하는 게 아니라는 사실을 알아주길 바란다! 마음은 당신을 해코지하려는 게 아니다. 오히려 당신의 전 존재는 그 끔찍한 사건을 이해하려고 노력하며, 당신을 좋은 상태로 다시 옮겨놓기 위해 애쓰고 있다. 꿈도 그 재조정과 치유 과정에 적극적으로 동참하는 중이다.

다시 한 번 말하지만, 꿈에서 두려운 감정이 범람하는 것을 우리가 어떤 식으로든 알아차리는 것은 그것을 더 나은 방향으로 변형시키기 위해서다. 이러한 유형의 꿈이 모든 걸 쓸어가는 물의 형태를 띠는 게 나는 놀랍지 않다. 무력감을 느낄 때는 피할 수 없는 감정의 홍수 속에 말 그대로 휩쓸리기 때문이다. 이 흘러넘치는 감정이 몸에 쌓이기 전에 해방시키기 위해선 치유 작업이 필요하다.

자신이 경험했던 일을 소화하고 자신의 실제 감정을 알아차려 꿈 내용물을 의식화하는 게 중요하다. 당신은 이 과정을 홀로 시작하지 않아도 된다. 외부에 도움을 요청하라. 치유에는 여러 갈래의 길이 있고, 안녕과 기쁨을 다시 경험하기 위한 길은 더더욱 많다는 사실을 꼭 기억하길 바란다.

꿈을 통한 일상의 감정 조절

일상의 경험, 즉 트라우마적이지 않은 경험과 그에 연계된 감정들 역시 꿈에 영향을 끼친다. 실제로 많은 연구 결과 이것이 사실임이 밝혀졌는데, 그 대표적인 연구가가 로잘린다 D. 카트라이트[Rosalinda D. Cartwright] 박사다. 어느 날 (긍정적으로 또는 부정적으로) 감정을 건드리는 일을 겪었는데 그것과 관련된 꿈을 그날 밤이나 그 주에 꾼 적이 얼마나 많은지 생각해보라.

가령 헬스장에서 멋진 사람을 만났는데 그날 밤에 그 사람과 콘서트장에 있는 꿈을 꿀 수 있다. 혹은 이웃이 당신에게 경솔한 말을 했고, 당신은 당시에 웃어넘겼는데 꿈에서는 당신이 그들을 차에

태워 병원에 데려가고 있는 꿈을 꿀 수 있다.

꿈은 당신이 의식적인 노력을 하지 않아도 감정을 조절해주는 효과가 있다. 카트라이트 박사의 과학적 연구는 이 효과의 중요성과 이점을 부각시킨다. 즉, 하룻밤 새 우리 대부분은 여러 종류의 꿈을 꾸는데, 밤이 흘러갈수록 이 꿈들의 감정적 강도가 점차 약해진다는 것이다. 잘 때는 기분이 별로였는데 자고 나니 괜찮을 때가 많은 건 이런 이유에서다. 꿈은 밤 동안 우리가 감정을 소화할 수 있게 도와주어 그 강도를 낮추고, 감정을 기억으로 바꿔준다. (다행인 것은 매일 밤 이 일이 일어난다는 것이다. 다음 날 우리가 꿈을 기억하지 못해도 말이다!)

궁극적으로 꿈은 우리 모두를 더 나은 존재의 상태로 인도한다. 그러니 현재 당신의 상태가 좋든 좋지 않든, 당신은 꿈이 감정 조절에 도움이 된다는 사실을 결국 알게 될 것이다. 당신은 그저 밤에 어떻게 하면 잘 잘 것이냐만 신경 쓰면 된다. 나머지는 꿈이 알아서 해줄 것이다!

좋은 기분과 감정의 정직성

나도 그렇지만 여러분들 중에도 기분이 절대 좋을 수가 없는 날도 있다고 생각하는 사람이 있을 것이다. 사랑하는 사람의 죽음, 운수 나쁜 날, 질병, 사산, 수입의 손실, 팬데믹 등은 모두 이겨내기가 어려운 경험들이다. 그리고 이러한 어려움은 겉만 번지르르한 긍정적인 말로는 덮어지지 않는다.

감정과 접촉한다는 것은 상황이 안 좋을 때 좋은 척한다는 뜻이 아니다. 기분이 좋다는 것은 때로 외부의 자극과 그에 대한 자신의 반응 사이에 있는 공간을 더 늘릴 수 있다는 뜻이다.

많은 경우, 더 나은 존재의 상태란 좌절스러운 상황에서조차 자신에게는 좋은 상태를 선택할 힘이 있음을 그저 알아차리는 것이다. 다시는 처하고 싶지 않은 상황에 또 빠져버리고 말았다는 이유로 죄책감에 시달리고 자기비판적인 말을 곱씹는 대신, 스스로를 자비롭게 대하겠다고 선택하는 것이다.

세상에 도움이 되지 않는 감정은 없다. 감정적으로 강하다는 말은 감정에 고착되지 않고, 그 순간 일어나는 감정을 통과해 지나갈 수 있다는 뜻이다. 화는 경계를 침범당했을 때 행동할 수 있게 해주는 강력한 계기가 되어주는 동시에 나를 보호해준다. 애도는 마음 깊이 경험한 사랑을 기리는 것이다. 슬픔은 방향을 바꾸는 데 결정적인 역할을 한다. 분노는 나를 제약하는 구조를 부숴버리라는 신호다. 이 모든 감정들은 우리를 더 나은 존재의 상태로 인도한다. 감정은 최종 목적지가 아니다. 삶이라는 경험의 유동적 표지다.

감정 작업을 하면 자연스럽게 기분이 좋아진다. 머릿속으로 기분이 좋다고 스스로를 설득할 필요가 없다. 재미, 사랑, 기쁨을 느끼는 그 순간에는 '나는 기쁘다, 나는 기쁘다' 하면서 계속해서 확언할 필요가 없다. 그 순간 느낄 수 있는 최대치의 기쁨을 그저 느낄 뿐이다.

하지만 우리가 어둠에 빠진 상태라면, 그때는 스스로에게 '나는 기쁨을 안다. 나는 기쁨을 안다. 나는 기쁨을 안다'라면서 다른 선택이 있음을 상기시키는 게 도움이 된다. 지금의 느낌이 당신을 통과해 지나가게끔 거듭 선택하여, 더 나은 상태 따위 절대 못 느낄 것 같은 순간에서조차 결국 좋은 상태 쪽으로 자신을 맞추는 것이다.

경고몽과 건강

《당신의 목숨을 살릴 수 있는 꿈: 암과 기타 질병을 알린 조기 경고 신호》*에서 저자 래리 버크Larry Burk와 캐슬린 오키프-카나보스Kathleen O'Keefe-Kanavos는 건강에 이상이 있음을 암시하는 꿈이 결국 사실로 밝혀진 많은 이야기와 증거들을 소개한다. 그중 다이앤이라는 여성은 다음과 같은 꿈을 꾸었다.

다이앤은 가슴에서 암덩어리를 제거하는 수술을 하는 장면을 꿈에서 아주 생생하게 보았다. 너무 진짜 같았기 때문에 그녀는 깨자마자 유방 조영상 예약을 잡았다. 며칠 후 의사를 찾아간 그녀는 실제로 암이 있다는 사실을 알게 되었다. 그녀는 대경실색했고, 의사역시 마찬가지였다. 이 책은 병을 경고한 꿈을 꾼 뒤 나중에 검사를 통해 그게 사실임이 밝혀진 사람들이 1인칭으로 서술한 이야기들로 가득하다.

★ Dreams That Can Save Your Life: Early Warning Signs of Cancer and Other Diseases

이런 경고몽의 핵심 요소는 다음과 같다. — 책에 등장하는 모든 사람들은 그 꿈이 무언가 중요하다는 사실을 '직감했다.' 그 꿈은 다른 꿈과는 느낌이 달랐다. 그것은 '낮 동안의 잔상'이나 불안의 결과가 아니었다. 이 말인즉슨, 이 사람들은 영화를 보지도, 암이 걸린 친구와 이야기하지도, 그래서 나중에 불안을 느끼지도 않았다. 낮에 있었던 일의 결과로 그날 밤 그것을 직접 경험하는 꿈을 꾼 게 아니라는 뜻이다. 이 꿈은 경험상 평소와 달랐다. 아주 중요한 것처럼 느껴졌고, 꿈꾼 사람을 뼛속까지 뒤흔들었으며, 대개 맥락 없이 뜬금없었다.

그들의 꿈이 우주가 소리쳐 전해준 메시지였는지, 혹은 억눌려 있던 내면의 앎이 꿈 세상에서 그저 떠올랐던 것인지 확실하게 증명할 길은 없다. 하지만 사람들로 하여금 꿈에서 받은 가이드를 실행으로 옮기지 않고는 못 배기게끔 만들어 결국 그들의 목숨을 문자 그대로 살렸다는 것만큼은 확실하다.

일반몽 역시 당신이 관심을 기울여야 하거나 해결해야 할 문제를 경고할 때가 있다. 꼭 건강에 대한 것뿐만 아니라, 가령 사랑하는 사람의 안전을 경고하는 것일 수도 있다.

물리학자이자 항공우주 엔지니어 데일 E. 그라프Dale E. Graff가 꾼 특별히 놀라운 꿈이 바로 그러한 예다. 그는 차가 폭발하는 꿈을 꿨다. 꿈속에서 그는 그 차가 부인의 차와 제조사가 같음을 알아보았고, 그 사실을 의식했다. 그는 꿈에 나온 차가 자신의 감정적 상태를 반영하는 상징이 아님을 알고 있었다. 다시 말해 그가 폭발하는 차에 대한 꿈을 꾼 것은 그가 부인에게 화가 나서가 아니었다. 그는 깨어 있는 삶에서 화를 부정한 적이 없었다.

그래서 예방 차원에서 그는 부인의 차를 정비 업소에 맡기고 점검을 부탁했다. 그런데 며칠 후 정비사가 그라프에게 전화를 걸어서는 이렇게 말했다. "시한폭탄을 몰고 다니셨네요!" 차의 연료펌프와 가스탱크에 문제가 있어 그대로 몰고 다녔다면 차가 폭발할 수도 있었음을 정비사가 발견한 것이다. 그라프는 있을 법한 미래를 꿈에서 보았고, 이후 행동을 취함으로써 다른 미래를 경험했다.

이렇게 보통몽도 필요에 따라 치유와 통찰, 경고를 충분히 제공하고 있다.

실전 연습: 꿈을 배양하여 감정 해방과 창조적 해결을 꾀하기

감정적 허들을 어떻게 극복해야 하는지 감이 잘 안 온다면 꿈 배양 기법을 활용해 명료함을 얻을 수 있다. 사실 꿈 배양은 당신이 경험하는 모든 문제 해결을 위해 사용할 수 있다. 꿈을 꾸면 에고가 무저항 상태에 들어가기 때문에 통찰을 얻기가 훨씬 쉬워진다.

나는 사람들이 꿈 배양을 통해 반복적인 행동 패턴, 자기 방해, 두려움, 트리거가 되는 가족 관계 등등에 대해 대단히 분명한 통찰을 얻는 것을 수없이 많이 목격했다. 이때 얻는 깨달음이 무척 크기 때문에 꿈에서 깬 후 해당 문제를 해결하는 게 훨씬 쉬워지고, 결국 기뻠과 더 나은 존재의 상태로 한 걸음 더 나아갈 수 있다.

간단하게 말하자면, 꿈 배양은 꾸고 싶은 꿈을 '자기 전에' 심상화하는 방법이다. 잠들기 전에 꿈(들)을 준비하는 게 핵심이다. 주의를 집중시키는 데 도움이 되는 꿈 배양은 옛날부터 내려온 효과적인 심상화 기법이다. 이를 통해 당신은 경험하고 있는 모든 문제에 대해 창조적인 해법을 받을 수 있다.

일반몽을 배양하려면 일단 자기 전에 명료한 가이드를 얻게 해 달라고 의도를 세워야 한다. 연습의 일환으로 잠자기 전에 다음과 같은 말을 머릿속으로 반복해서 암송한다. "나는 내 삶의 목적이 무엇인지에 대해 꿈을 꾸겠습니다. 그 가이드를 받게 되면 그 즉시 나는 일어납니다."

잠자리에 들기 전에 에너지가 균형을 이루도록 잘 조절한 뒤, 준비가 되면 오로지 의도에만 집중한다. 이제 곧 잠이 들겠다는 느낌이 들면 의도를 다시 한 번 세운다. 잡생각이 떠오르면 그저 관찰한 뒤 다시 의도를 반복한다. 잠이 들 때까지 머릿속으로 의도를 계속해서 되뇐다. 이 연습 전체를 며칠 밤 연속해서 해야 할 수도 있다. 결과가 바로 나오지 않더라도 인내심을 갖고 계속 연습하길 바란다.

나와 함께 작업한 많은 고객들이 이 간단한 연습을 성공적으로 해냈다. 여기서 비법은 단어 선택에 주의를 기울이는 것이다. 나역시 경험적으로 꿈 상태에서는 깨어 있을 때보다 단어가 가진 힘이 훨씬 강해진다는 것을 알게 되었다. 그러니 단어를 현명하게 사용하는 게 진짜 중요하다.

가령 고객 중 한 명이 다음과 같은 의도를 세운 적이 있었다. "꿈에서 나는 나만의 음악을 찾습니다." 그는 잠자기 전에 이 의도를 마치 만트라처럼 반복했다. 이후 그는 이 의도에 대해 꿈을 꾸긴 했는데, 다만 자신의 음악을 찾고 또 찾는 형태의 꿈이었다.

그는 완전히 기진맥진한 채로 깼다. 저녁 내내 꿈속에서 프로덕션 스튜디오를 옮겨 다니며 계속 뛰어다니기만 했기 때문이다. 그는 몇 밤이고 계속 무언가를 찾는 상태를 버전만 달리해가며 경험했는데, 끝끝내 자기만의 음악을 찾지는 못했다. 의도를 표현하는 단어를 다르게 바꾸기 전까지는 말이다.

그의 의도는 그저 명료함이 떨어졌던 것뿐이었다. 그는 방향을 돌려 다음과 같이 의도를 세웠고 결과는 성공적이었다. "나는 오늘 밤 나만의 독창적인 음악을 듣고 경험합니다." 그는 그날 밤 커피숍에 앉아 아이튠즈에서 자신의 곡을 구입한 뒤 그것을 듣는 꿈을 꾸었다. 그는 잠에서 깨자마자 자신이 들은 음악을 기억해낼 수 있었고 그것을 바로 악보로 옮겼다.

내가 만일 감정이 얽힌 상황 때문에 괴로운 상태라면 나는 이렇게 말할 것이다. "내 꿈을 창조하는 에너지여, 이 비탄의 목적을 내게 보여주십시오." 그러면 나는 그에 상응하는 꿈을 꾸어 내가 깨어 있는 삶에서 놓치고 있거나 보통 내가 내려놓아야 하는 것을 보게 될 것이다. 꿈의 이미지는 추상적일 때도 있고, 형체가 없는 목소리가 내가 꼭 알아야 하는 것을 분명하게 말해주기도 한다.

내 경험상 어려운 감정들은 메시지가 있는 그림(혹은 심지어 색)으로 나타나 내게 필요한 것을 일깨워줄 때가 많았다. 내가 자각몽의 상태에서 꿈의 풍경에 적극적으로 영향을 끼친 게 아닌 이상, 나는 꿈에서 똑같은 배경을 반복해서 본 적이 한 번도 없다.

여러분은 이 과정을 완전히 다른 방식으로 경험할 수도 있을 것이다. 당신의 꿈 배양 과정을 전적으로 신뢰하라. 마찬가지로, 가이드를 얻기 위해 꿈을 배양했는데 말이 안 되는 답을 얻었거나 어떠한 답도 받지 못했다면 깨어 있는 삶에서 치유하는 것에 먼저 주력한 뒤 준비가 되었다고 느끼면 다시 시도해보길 바란다.

실전 연습: 낮의 상상력을 활용해 감정적 내러티브를 더 탐색해보기

유독 감정을 건드리는 꿈을 꾸어서 좀더 살펴보고 싶은 마음이 든다면, 방해받을 일이 없는 시간에 이 연습을 한번 해보길 바란다. 꿈일기를 훑어보며 눈에 띄는 꿈 하나를 선택해도 좋다.

1단계: 꿈을 최대한 자세하게 기억해본다. 꿈 시나리오가 머릿속에서 재생되고 있다고 생각해보라. 단 이때, 꿈에 적극적으로 개입하지는 않는다.

2단계: 준비가 되었다는 생각이 들면, 꿈을 본인이 생각하기에 어울리겠다 싶은 방향대로 바꿔본다. 어떤 것도 바꿀 수 있다. 몇 분만 지나면 대개 상상력이 주도하게 될 것이다.

3단계: 원하는 만큼 오랫동안 이 과정을 계속하라.

4단계: 과정이 끝났다는 느낌이 들면 경험한 것을 쭉 적어본다.

5단계: 꿈을 다 적었으면 처음과 달라진 부분 중 특별히 두드러지는
 것에 줄을 쳐본다.

6단계: 이렇게 바뀐 부분에 대해 자신은 어떻게 느끼고 있는지 잘 살
 펴본다. 깨어 있는 상태에서 꾼 이 꿈에는 당신을 깜짝 놀라
 게 할 극적인 반전(혹은 변화!)이 있는가?

7단계: 그런 뒤 스스로에게 물어본다. 나는 어떤 행동을 취할 수 있
 는가?

이 연습의 목적 중 하나는 서로 갈등을 일으키는 내면의 세력들을 만나 둘 사이의 조화를 꾀하는 동시에 자연스럽게 올라오는 감정들을 처리하는 것이다. 그 외에도 자신의 한계와 강점을 보게 만들어 내면의 통합을 더욱 크게 향상시킬 수 있다는 것 역시 이 연습의 또 다른 장점이다.

떠오르는 이미지는 그것 자체로 도움이 되고 통찰을 준다. 가령 당신은 꿈을 가져다가 끔찍한 엔딩을 찍었나? 보통의 꿈이 예외적인 꿈이 되었나? 어떤 사람을 생각에서 몰아내려고 거듭 노력하는데도 그 사람이 계속해서 등장하나? 이 연습을 통해 당신은 부숴버려야 할 꿈은 무엇이고 잘 키워야 할 꿈은 무엇인지 알게 될 것이다. 원한

다면 그림자 인물을 대면하는 것과 관련해 이 연습을 해서 무섭거나 자신을 제약하는 꿈을 해결할 수도 있다. 그림자 인물과의 대면에 대해서는 8장에서 그 정확한 방법을 하나씩 설명할 것이다.

3장

꿈 해석의 상징 언어

그날은 수요일 아침이었다. 나는 정말 생생한 꿈을 꾸고 막 일어난 참이었다. 꿈에서 나는 홀로 차를 몰고 뻥 뚫린 도로를 달리고 있었는데, 라디오에서 나오는 음악을 신나게 따라 부르다가 힐끗 본 뒷거울에 글쎄 나를 뚫어지게 쳐다보는, 시커먼 재규어 한 마리가 있는 게 아닌가. 도저히 믿을 수 없는 광경에 나는 바로 브레이크를 밟아 차를 세웠다.

나는 고개를 돌려서 진짜 내 뒷좌석에 재규어가 앉아 있는지 두 눈을 동그랗게 뜨고 쳐다봤다. 그때 내 머릿속에는 온갖 질문들이 휙휙 스쳐 지나가고 있었다. 어떻게 재규어가 내 차에 있을 수 있지? 어떻게 탄 거지? 날 잡아먹으려고 하면 어떡하나? 날 해치려나? 날 공격하려나? 차에서 그냥 뛰어내릴까?

반면 재규어는 나의 존재 혹은 충격에 빠진 나의 모습에 일말의 흔들림도 없는 것처럼 보였다. 그저 안전벨트(안전벨트는 또 단정하게 착용하고 있었다) 위에 앞발을 올리고 내가 진정하기를 차분하게 기다리고 있었다. 재규어는 내 눈을 똑바로 쳐다보고 있었는데, 그럴 때의 재규어는 마치 내 존재의 저 깊은 곳까지 꿰뚫어 보는 것 같았다.

이 모든 소동 한복판에서 어떤 두려움과 기대감이 하나로 뒤엉켜 올라오기 시작했다. 재규어는 입을 열고 나에게 무슨 말을 하려고 했고, 나는 그것이 중요한 말임을 직감했다. 나는 그것이 하는 말을 들을 준비가 되었다.

그리고 바로 그 순간 나는 잠에서 깼다.

어떤 꿈은 그냥 느낌이 다르다. 이런 꿈에는 감정이 실려 있다. 마치 중력처럼 시선을 끌어당긴다. 재규어 꿈은 내 주의를 단숨에 끌었고, 수년이 흐른 지금까지도 가장 강력했던 꿈 경험 중 하나로 여전히 남아 있다. 이 꿈의 상징적인 메시지가 강렬하기도 했지만 무엇보다 그다음에 벌어진 일 때문이다.

재규어 꿈을 꿀 당시 나는 스물두 살로, 무직에다가 앞으로 살 길을 궁리하느라 머릿속이 꽉 막혀 있는 상태였다. 희한한 일자리를 전전했지만 정말 마음에 들었던 것은 하나도 없었고 오히려 혼란만 가중되고 더 의기소침해질 뿐이었다. 꿈을 꿨던 당시, 갈팡질팡하던 나의 우유부단함은 이제 정신 좀 차리고 제대로 살라는 주위의 압력 때문에 어떻게든 결판을 내야 하는 상황이었다.

내 꿈이나 암담한 현실은 잠시 잊고 머리를 식히기 위해 나는 멋진 커피숍과 부티크 스타일의 옷가게가 늘어선 쇼핑몰에 놀러 갔다. 이리저리 돌아다니고 있는데 아름다운 중고책 서점이 하나 보였고 나는 들어가 보기로 했다. 나는 중고책 서점의 본질인 잊힌 시간과 당신이 들여다보기를 인내심 있게 기다리고 있는 새로운 가능성들의 조합이 너무나 좋다!

나는 천천히 서점 안을 돌아다니면서 책을 골랐고, 그렇게 선택한 책들을 모두 꼼꼼하게 살폈다. 코너를 막 돌았을 때 금발머리인 40대 후반의 여자 매니저가 손에 책 한 무더기를 들고 내 쪽으로 걸어오는 게 보였다. 그녀는 책 몇 권을 내게 건네면서 현재 할인 중이니 한 번 살펴보라고 말했다.

너무 갑작스러워 살짝 놀란 내가 뭐라고 대응하기도 전에 매니저는 다른 고객에게 말을 걸며 자리를 떴다. 그리고 그녀가 건넨 책들 중 맨 위에 있던 책이 린 V. 앤드루스Lynn V. Andrews의《재규어 여성: 나비나무의 지혜》*였다. 눈앞에서 벌어진 동시성에 입이 떡 벌어진 나는 당연히 즉시 책을 구입했다. 그 순간 나는 깨어 있는 삶에서도 그리고 꿈에서도 계속해서 받고 있던 모든 상징적 메시지들에 관심을 기울여야 한다는 사실을 확연하게 깨달았다.

나는 이 경험을 통해 우주가 보내는 상징적 가이드는 꿈을 통과해 깨어 있는 삶으로까지 따라올 수 있음을 알게 되었다. 그리고 가이드에 별 주의를 기울이지 않는 무관심 말고는 가이드를 수신하는 우

★ Jaguar Woman: The Wisdom of the Butterfly Tree

리의 능력에는 어떠한 장벽도 없다는 사실 역시 알게 되었다. 이것은 다시 말해 우주 역시 당신이 아하, 하고 깨달을 때까지 계속해서 메시지를 보낼 것이라는 말이다. 당신의 삶과 꿈 모두에 말이다!

우리 대부분은 꿈을 꾸고, 우주는 우리의 관심을 얻기 위해 무척 노력한다. 우리는 의미가 자명한 직설적인 메시지(하지만 전혀 예상치 못한 메시지)를 직접 떠먹여 줘야지만 우리에게 메시지가 온다는 사실을 그나마 믿기 시작한다. 내가 바로 그 완벽한 예다. 나는 꿈의 형태로 가이드를 받았지만 그냥 바로 무시해버렸다!

내가 꿈을 존중했다면 나는 꿈에 귀 기울이고 그것을 해석하는 데 충분한 시간을 보냈을 것이다. 하지만 나는 꿈을 그냥 별거 아닌 것으로 취급하고, 꿈의 의미가 명료해질 때까지 탐구하는 대신 시선을 다른 곳으로 돌려버렸다. 하지만 재규어 상징은 나의 깨어 있는 삶에까지 따라와 그 메시지를 도저히 무시하지 못하게 만들었다. 내가 꿈에 주의를 기울였다면 나는 내가 앞으로 걸어야 할 길을 진작 안내받았음을 알아차렸을 것이다. 내게 필요했던 모든 답을 꿈이 이미 주었음을 알았을 것이다.

꿈속에서 나는 뻥 뚫린 길(뻥 뚫린 모든 가능성들의 상징)을 달리고 있었다. 길 위에 다른 차나 방해물은 전혀 없었다(상징적으로, 내 앞길이 훤히 트였다). 나는 차를 몰며 신나게 음악을 따라 부르고 있었다(상징적으로, 나는 내 삶의 운전대를 잡고 있으며 그 여정은 즐거울 수 있다).

그러다 차 뒷좌석에 얌전히 안전벨트를 매고 있는 재규어를 보았다. 많은 고대 문화에서 재규어는 치유 및 샤먼의 입문과 관련된 힘을 상징한다. 재규어가 내 차 뒷좌석에 있었다는 사실은 내 내면의 힘이 삶의 뒷좌석으로 밀려 있었음을 은유하는 것이었다.

재규어는 나를 해치지 않았다. 오히려 그것은 정말 중요한 말을 내게 하려고 했고, 나는 그 말이 무엇인지 기대하기 시작했으나 하필이면 그때 잠에서 깨고 말았다! 이 꿈을 꿀 당시 나는 그다지 능숙한 루시드 드리머가 아니었다. 내가 경험이 좀더 있었더라면 분명 재규어가 나에게 해야 했던 말을 듣기 위해 다른 꿈을 배양했을 것이다.

내 재규어 꿈은 어쨌든 내가 알아야 했던 것을 보여주고 있었다! 나는 나 자신에게 도움이 되는 행동을 전혀 취하지 않은 채 내가 가진 힘을 구석에 처박아두고 있었다. 결국 알고 보니 내 두려움은 '나는 좋은 선택을 할 수 없다'도 아니고 '길을 잃었다' 혹은 '어딘가에 막혔다'도 아니었다. 내 두려움은 모든 것을 뒤바꿀 수 있는 어떤 능력과 힘이 내 내면에 있다는 것이었다. 이 선물은 나를 두려움에 떨게 만드는 동시에 흥분시켰다.

꿈에서 내가 재규어에게 보인 반응은 내 내면의 갈등을 노골적으로 드러낸다. 꿈에서 나는 이 재규어가 나를 공격할 것인지, 해칠 것인지, 심지어 날 잡아먹을 것인지 전전긍긍했다. 차에서 뛰어내려 버릴까 하는 생각까지 했다. 이 회피심리를 보라!

다시 말해, 꿈에서 내가 재규어에게 보인 태도는 내가 삶에서 나 자신의 어떤 측면을 대하는 태도를 고스란히 반영하는 것이었다.

꿈은 당시 내가 직면하고 있던 선택을 콕 집어 보여주었다. 내 힘을 계속해서 피할 것인가, 아니면 내 것임을 인정하고 사용할 것인가?

나는 내 우유부단함과 '갈피를 못 잡겠다'는 흔한 변명의 속내가 사실은 두려움임을 알아차렸다. 직업적으로 잘못된 선택을 하는 게 너무도 두려웠던 나는 본의 아니게 스스로를 움직이지 못하게 막았다. 나는 내 영적인 힘과 시야를 완전히 부인한 채 꼼짝달싹할 수 없는 얼음 상태로 나 자신을 적극적으로 붙들고 있었다!

삶은 우리가 달라지겠다고 마음먹을 때 달라진다. 지금 서 있는 현실 속 위치를 용감하게 직면하고, 설령 두려움이 올라오고 잘못된 신념들이 나를 제약하더라도, 그럼에도 앞으로 나아가겠다고 결심할 때 말이다.

내가 지닌 본연의 감정적 힘과 생명력을 되찾기 위한 첫걸음은 대학에 재입학하는 것이었다. 동시에 샤먼의 가르침을 받으며 다양한 영적 가르침과 수행을 탐구하고 내 에너지를 확장시켜 나갔다. 재정적으로 독립하기 위해 가게에서 아르바이트를 했다. 그리고 가장 중요한 것은, 유효기간이 끝난 게 자명하게 보이는 관계를 끊어내고 싱글로서의 삶을 온전히 받아들였다.

그러자 앞으로 나아가는 그 과정 전체가 훨씬 즐거워졌다. 미래에 일어날 일에 대해 더 이상 집착하지 않게 되었기 때문이다. 나는 미지의 세상에서 확실함을 보장받으려는 노력을 하지 않게 되었다. 그저 한 번에 한 발짝씩 매일 건강하게 앞으로 나아가며 미지의 신비로움을 온전히 받아들이는 법을 열심히 배웠다. 이것은 원래 시커먼 재규어가 정글에서 살아가는 모습이기도 하다. 재규어의 상징적 메시지는 자명하다. — 어둠의 미스터리를 받아들이고 마치 앞이 훤히 보이는 것처럼 사냥하라.

상징적 스토리로서의 꿈

앞서 보았듯이 꿈에서는 모든 것이 상징으로 나타난다. 꿈속 인물부터, 그들이 당신과 교류하는 방식, 밤마다 꿈에 등장하는 실제 광경까지 말이다. 꿈에 상징이 실수로 등장하는 일은 없다.

상징은 구체적이고, 목적이 있으며, 정확히 필요한 타이밍에 나타난다.

우리가 꿈에 나오는 이미지나 그 속에 담긴 메시지를 즉각적으로 이해하거나 직관적으로 알아차리지는 못할지라도, 꿈의 상징들은 여전히 중요하다. 꿈이 전달하는 메시지의 목적은 우리가 치유하고, 창조하고, 앞으로 씩씩하게 나아갈 수 있게 돕는 것이다.

모든 꿈 상징에 적용되는 말이지만, 상징을 해석하는 방법이 중요하다. 인터넷에서 '꿈 상징'이라는 단어를 한번 쳐보기만 해도 수억 개의 검색 결과가 주르륵 뜨는 걸 볼 수 있다. 우리가 꿈과 깨어 있는 삶에서 경험하는 상징을 이해하고자 하는 인간의 집단적 욕망이 그토록 크다. 그만큼 상징이 얼마나 큰 통찰과 의미를 지니고 있는지 우리가 직관적으로 알고 있다는 뜻이다!

또한 수억 개의 검색 결과는 꿈의 상징 속에 담긴 메시지를 해독하는 방법을 둘러싸고 정말 무수히 많은 의견이 있음을 보여주는 것이기도 하다. 나는 꿈 메시지를 해독하기 위해 아주 구체적인 방법 두 개를 사용하는데, 두 가지 모두 심리적 통찰과 영성적 직관을 통합한 해석 방법이다. 첫 번째는 내가 고안한 ABC — 받아들이고 (Accept), 믿고(Believe), 명료화하기(Clarify) — 방법이고, 두 번째는 보다 전통적인 꿈 해석 주제 모델이다. 이 두 가지 꿈 해석 기법의 정확한 사용법을 간단하게 알려드리겠다.

본인의 꿈 메시지를 정확하게 해석하려면 꿈과 삶의 심리적 요소와 영적 요소 모두를 고려해야 한다. 감정, 생각, 매일의 경험, 개인사는 꿈 메시지 해독을 위한 심리적 틀에 해당한다고 볼 수 있다.

그리고 집단의 역사, 본인의 에너지 진동, 직관적 통찰, 미래의 현실화는 꿈 메시지 해독을 위한 영적인 틀에 해당한다. 이 둘 사이를 구분 짓는 진짜 경계는 사실 없다. 다만 여러분의 쉬운 이해를 돕기 위해 내가 만든 분류일 뿐이다.

모든 꿈은 우니오 미스티카unio mystica, 즉 신비한 합일의 역할을 한다. 꿈은 심리와 영성, 남성성과 여성성, 물질과 비물질, 무의식과 의식, 생각과 감정 등, 양극을 통합시키는 매개다. 그 어떠한 요인도 다른 것보다 더 타당하지도 덜 타당하지도 않다.

이 말의 생생한 예가 내 재규어 꿈이다. 내 꿈은 그냥 일반몽이었다. 적어도 나는 그렇게 생각했다! 하지만 내 꿈의 상징에는 우주가 큰 역할을 했다. 이것은 내가 나중에 경험한 동시성으로 입증되었다. 내 꿈은 내가 감정적 장벽과 심리적 장벽을 어떻게 극복해야 하는지 알려주는 일종의 영적인 메시지였다. 나를 제약하는 신념과 두려움이라는 장벽 말이다. 이 꿈은 영과 정신이 협력한 결과였다.

당신의 정신과 당신의 영은 분리되어 있지 않다. 언제나 그렇듯, 이 둘이 하나임을 보지 못하게 하는 건 당신의 관점이다. 지금 바로 잠시 시간을 내어 자신이 현재 겪고 있는 삶의 문제와 꿈을 연결해서 생각해보길 바란다. 당신의 꿈이 육신 안에 있는 영적인 존재인 당신에게 현재 일어나고 있는 일에 대해 계속해서 말을 걸고 있음을 볼 수 있겠는가? 궁극적으로 꿈은 당신이 더 높은 차원의 통합과 최선의 상태에 도달할 수 있게 밀어주고 있다.

우리는 이 근거를 개인의 삶이나 집단으로서의 삶에 대해 귀띔해주는 예언몽 또는 예지몽을 꿀 때 확인할 수 있다. 가령 9.11 테러 사건이 벌어지기 전에 많은 사람들이 타워 이미지가 보이는 이상하고 불안한 꿈을 꾸었다. 한 여성은 잿더미에 둘러싸인 해골로 만들어진 타워를 꿈에서 보기도 했다. 두 마리의 익룡(pterodactyl, 영어 발음이 테러-닥-틸이다)이 똑같이 생긴 두 건물 혹은 타워 주위를 빙빙 돌며 날아다니는 꿈을 꾼 사람도 있다. 이것은 신비한 집단적 꿈의 두 가지 예일 뿐이다. 비슷한 예는 훨씬 더 많다.

꿈은 우리가 영과 이어져 있음을, 그리고 영과 통하기만 한다면 얼마나 통합된 관점으로 세상을 볼 수 있는지를 보여준다. 또한 우리가 서로서로와, 그리고 우리 주변의 삶 전체와 본질적으로는 다 연결되어 있음을 말해준다. 위기와 트라우마의 시기뿐 아니라 잘 살고 있을 때도 말이다. 그러니 '언제나'라고 할 수 있겠다. 꿈의 메시지를 잘 살피면 우리는 내적으로나 외적으로, 그리고 개인으로서나 집단으로서 활짝 꽃피울 수 있다.

꿈 메시지 해독을 위한 ABC 방법

내가 고안한 'ABC(받아들이고, 믿고, 명료화하기)' 방법의 목표는 꿈 경험에서 즉각적인 통찰을 얻는 것이다. 주제 분석 방법이 고착된 행동 패턴을 해독하는 데 주력하는 것이라면, ABC 방법은 꿈을 즉시 가이드를 퍼 올릴 수 있는 우물, 즉각적으로 도움을 얻을 수 있는 원천으로 보게 해준다.

ABC 방법으로 꿈을 해석할 때는 꿈을 '현재 당신이 처한 상황과 관련된' 하나의 완전한 이야기로 바라봐야 한다. 이 방식의 꿈 해석에서 내가 황금률로 삼는 것은 언제나 다음의 질문이다. '왜 굳이 지금, 이렇게 전개되는 이 꿈을 꾼 것일까?'

자, 내가 꿈 이야기를 하나 들려드리겠다. 내가 진행했던 워크숍 참석자의 꿈인데 감사하게도 공유를 허락해주었다. ABC 방법을 써서 꿈을 풀어보기 전에 일단 그냥 해석해보길 바란다. 내 권고는 그저 당신의 꿈 해석 기술이 어느 정도인지 스스로 파악할 수 있게 도움을 주기 위한 용도다. 꿈의 내용은 다음과 같다.

차를 운전하고 가는데 빨간색 신호등이 떡하니 앞에 보인다. 하지만 나는 신호등에서 멈추지 않고 엑셀을 밟아 십자로를 질주한다. 나를 향해 달려오는 차들이 보이고, 나는 저 차들과 곧 충돌할 것 같다고 생각한다. 그런데 어찌어찌 다른 차선으로 가는 데 성공했다! 심장이 펄떡펄떡 뛰는 게 느껴지는 가운데 나는 집에 가야겠다고 생각한다. 바로 그 직후 나는 잠에서 깨어났다.

이 꿈의 메시지가 무엇인 것 같은가? 희망을 전해주는 이야기? 아니면 그저 불안에 기반한 꿈? 이제 ABC 방법을 이용해 꿈이 전하는 메시지를 알아보자.

1단계: 꿈에 나오는 모든 상징을 받아들이고 인정한다
이 꿈에 나오는 주요 상징은 여섯 개다.

1. 빨간색 신호등
2. 차
3. 십자로
4. 다른 차들
5. 두려움과 기대감
6. 집

꿈 메시지를 압축한다면 다음과 같을 것이다. 꿈꾸는 자는 십자로에 서 있다. 그는 다른 차들이 자기 쪽으로 오고 있음에도 빨간색 신호등을 무시하겠다는 위험한 결정을 내린다. 그는 안전하게 다른 길로 이동했고 이 사실에 안도한다. 그리고 집에 가기로 한다.

2단계: 꿈이 당신의 안위를 최선으로 생각하고 있음을 믿는다

꿈은 위험을 감수했을 시 그로 인해 발생할 수 있는 결과를 알려주고 있다. 그걸 어떻게 알 수 있느냐고? 빨간색 신호등을 무시하고 지나가는 것 자체가 큰 위험이기 때문이다. 꿈을 해석하는 제3자로서 우리는 이 위험 감수가 실제 무슨 일과 연관되어 있는지는 모른다. 다만 꿈꾸는 사람이 십자로에 서 있으며, 그 위험이란 것이 그가 내리는 선택과 모종의 관계가 있음은 명백하다.

꿈의 상징으로서 십자로가 중요한 까닭은 그것이 우리가 두 눈을 똑바로 뜨고 결정을 내리는 게 얼마나 중요한지를 드러내기 때문이다. 십자로는 그 구조상 네 가지 선택을 상징한다. 당신은 왼쪽, 오른쪽, 위, 아래로 갈 수 있다. 동시에 꿈꾼 사람의 신심 여부와는 상관없이, 종교적 함의를 띤 기본 기호 또는 중요 기호이기도 하다. 이 단어에 내포된 '십자'라는 말 때문이다.

꿈꾼 사람은 빨간색 신호등에 걸렸는데, 위험한데도 불구하고 그냥 엑셀을 밟아버린다. 현실에서 빨간색 신호등은 멈추라는 뜻이다. 하지만 꿈에서 주인공은 '법을 어기고'(신호등이 십자 위에 있으므로 어쩌면 종교의 기본법을 어기고?) 빨간불을 지나쳐버린다. 그러나 다행히도 그는 차에 치이지 않고 다른 길로 안전하게 이동한다. 그는 심장이 두근두근한 상태로 집에 가야겠다고 마음먹는다.

모든 꿈은 우리에게 긍정적인 가이드를 준다. 상징이 겉으로는 부정적인 것처럼 보여도 그렇다. 앞서 언급했듯이 꿈을 해석할 때는 언제나 여기에 긍정적인 이점이 있다고 생각해야 한다. 꿈이 자신에게 선의의 메시지를 준다고 믿는 것, 이것이 ABC 방법의 중요 단계다. 이 꿈이 꿈꾼 자의 안위를 최선으로 생각하고 있다면 핵심 메시지는 무엇일까?

꿈꾼 자는 현재 삶에서 십자로 위에 서 있다. 위험하고(혹은 그렇게 느껴지거나) 규칙을 어기게 될 가능성이 있는 결정을 내려야 하는 참이다. 꿈은 그가 현실에서 행동에 옮기기 전에 (먼저 머릿속으로라도) 그 위험 감수의 결과가 어떨지를 알려주고 있다. 위험이 무엇이든 모든 일이 끝난 후 그는 집으로 돌아가기로 선택한다. 꿈의 마지막 장면이 그러하다.

이 꿈을 실제로 꾼 사람이 동료와 불륜 관계를 시작할 기로에서 있었음을 알면 흥미로우려나? 꿈을 삶에서 실제 일어나는 일과 연관시켜서 해석하면 많은 것들이 너무나 명료해진다! 바로 이런 이유 때문에 당신은 반드시 스스로에게 물어야 한다. '왜 굳이 지금, 이렇게 전개되는 이 꿈을 꾼 것일까?'

자, 이제는 불륜 가능성이라는 추가 정보를 염두에 두고 고객의 꿈으로 되돌아가보자.

그는 현실에서 십자로 위에 서 있다. 바람을 피울 것인가 말 것인가? 꿈에서 빨간불은 사회의(일부일처제를 준수하는) 행동 규칙을 나타낸다. 신호등이 사회적 기호임을 아는 것은 우리 모두가 빨간불에서는 서야 하기 때문이다. 하지만 그는 규칙을 지키지 않는다. 신호등을 무시하고 지나쳐버린다(그는 감정적으로나 육체적으로 위험을 감수하고 불륜을 저지르고 싶어한다). 꿈은 그의 성적 욕구와 욕망을 시인하고 있다.

꿈에서 다른 차들이 그들을 향해 달려온다. 차는 불륜에 대해 알아차릴 수 있는 사람 또는 자신의 욕망을 비난하는 내재화된 타자의 시선을 의미할 수 있다. 아니면 남근의 상징으로 볼 수도 있다.

차가 위험하게 달려오지만 그는 안전하게 십자로의 다른 차선으로 이동한다. 즉, 그는 아무 탈 없이 상황에서 빠져나온다. 가슴에서 심장이 거칠게 뛰는 게 느껴진다(불륜을 저지르는 것과 매우 유사하게 아드레날린이 치솟는다). 그런 뒤 그는 집으로 가겠다고 결심한다(자신의 파트너에게 되돌아가겠다고 선택한다).

3단계: 행동 단계를 명료화한다

이 꿈은 비난의 메시지를 보낸 게 아니다. 행동의 명료함을 보여주었다. 꿈을 꾼 사람은 불륜을 저질러도 들키지 않을 가능성이 크다. 꿈이 그렇다고 말하는 걸 보면 그렇다. 털끝 하나 다치지 않고 다른 차선으로 옮겨가지 않았나! 하.지.만. 그는 불륜을 저지르냐 마느냐로 갈팡질팡한 상태였고 이에 꿈은 내면의 갈등을 그대로 펼쳐 보여주었다. 이것은 그가 파트너에게 계속 충실해야 한다는 뜻은 아니다(혹은 그래야 한다, 그러지 말아야 한다의 의미도 아니다). 꿈은 그저 위험을 감수했을 경우(즉, 불륜을 감행했을 경우) 삶에 어떤 영향이 갈 수 있는지를 얘기할 뿐이다. 그럼에도 꿈에서 그가 취한 행동 단계는 명확했다. 그는 기꺼이 집으로 돌아갔다.

ABC 꿈 해석 방법 자세히 알아보기

ABC 꿈 해석 방법을 사용할 때 중요한 것은 꿈을 실제 삶에서 벌어지는 일과 연관 지어서 봐야 한다는 것이다. 꿈은 경험하는 모든 일에서 당신을 이끌어줄 가이드의 보고다. 꿈작업을 제대로 하려면 우선 모든 꿈이 지금 당면한 문제와 오래된 사안 모두에 굉장한 통찰을 주고 있음을 인정해야 한다.

내 고객의 꿈에 나온 상징들이 보편적이고 집단적이기는 해도(차와 도로), 이것은 그가 처한 구체적인 상황하에서 갖는 의미가 있었다.

이제 이 꿈을 꾼 사람이 당시 공격성 암 때문에 항암화학요법을 받던 43세 남성이라고 해보자. 그러면 꿈 이미지는 동일하더라도 그 의미는 완전히 달라질 것이다. 다음과 같이 말이다.

그는 빨간불 신호에 걸렸다(암 진단). 어쩌다 보니 십자로에 서 있다(즉 질병과 건강, 혹은 생과 사의 기로). 그는 다른 차가 자신을 향해 달려오고 있는데도 멈추지 않고 돌진한다. 그는 다른 차선으로 이동했다(건강). 그는 안도했고 집에 가자고 결심한다.

여기서 집은 꿈꾼 사람의 육체이자 영적인 집을 나타내는 상징이다. 꿈은 또한 꿈꾼 사람이 암 진단과 치료에 대해 어떻게 느끼고 있는지도 보여준다. 동시에 영적인 차원의 위로를 건네며 그가 다른 차선으로 이동하는 데 성공했고(다른 쪽으로 넘어감) 집으로 가고 있음을 보여준다.

ABC 방법을 이용해 자신의 꿈 메시지를 해독할 때는 우선 꿈에 나오는 모든 상징이 당신을 돕기 위해 존재한다는 사실을 받아들이고 인정해야 한다. 무서운 상징들조차 그러하다! 꿈은 당신의 안위를 최선으로 생각한다는 것을 믿고 꿈 해석을 당신에게 도움이 되는 방향으로 활용해야 한다.

꿈을 당신이 보는 이미지, 당신이 취하는 행동, 당신이 경험하는 감정을 통해 상징적으로 메시지를 건네는 하나의 이야기로 바라보라. 마지막으로, 꿈 메시지가 주는 가이드에 근거해 깨어 있는 삶에서 긍정적으로 나아가려면 어떤 행동을 선택하는 게 좋은지 명료하게 정리하라.

꿈 해석과 분석의 주제 중심 방법

꿈을 해석하는 이 두 번째 방법은 반복적으로 나타나는 꿈 이미지를 작업하는 것이 핵심이며, 장기적인 개인의 성장을 목표로 한다. 그런 만큼 모아 둔 꿈 내용이 어느 정도 쌓여야 한다. 단 하나의 꿈에도 적용할 수 있는 ABC 방법과 차별화되는 부분이다. 이 방법으로 꿈 메시지를 해독하려면 꿈이 최소 30개 정도는 있는 것이 좋다.

이 책 초반에 꿈일기를 작성해보라고 간청했었는데, 당신이 부디 그 청을 따라주었기를. 그랬다면, 축하한다. 아마 당신은 지금쯤 꿈 해석을 할 수 있을 만큼 꿈을 충분히 모았을 것이다! 꿈이 많지 않더라도 괜찮다. 이 장에 표식을 남겨두었다가 준비가 되면 다시 돌아오면 된다.

이 꿈 해석 방법은 더 이상 당신에게 도움이 되지 않는 고착된 신념이나 행동 패턴을 파악하는 데 특화되어 있다. 이 방법은 개인의 성장과 완전히 직결된다. 당신이 들여다봐야 하는 것, 내려놓아야 하는 것, 수용해야 하는 것, 더 나은 방향으로 그냥 바꾸기만 하면 되는 것 등등을 정확하게 보여주기 때문이다.

이 꿈 해석 과정을 통해 알게 될 또 다른 특이 사항은, 아마도 현재 의식으로는 자각이 안 될 신념들 중 많은 것들이 점차 수면 위로 떠오르기 시작한다는 것이다. 그렇기 때문에 이 과정은 대단히 해방적이다. 쓸모없는 행동이나 신념의 패턴을 완전히 해체할 수 있는 유일한 길은 그것이 무엇인지 제대로 아는 것이기 때문이다!

이 연습은 언제 하는가

이 연습은 최소 한 시간은 통으로 시간을 낼 수 있을 때 하길 바란다. 대단히 적극적으로 임해야 하는 개인 성장 작업인 만큼 방해받거나 중단될 일이 없는 시간에 하는 게 좋다. 결국 자신의 내면세계를 발견하기 위한 여정을 떠나는 것이니. 또 한 가지 내가 알게 된 점은 음악을 배경으로 틀어놓고 이 연습을 하면 내가 선택하게 되는 주제 형식이 은연중에 가사의 영향을 받는다는 것이다. 그러니 방해가 될 만한 것은 최소화한 상태에서 이 연습을 하길 바란다!

필요한 준비물

이 연습에는 꿈일기, 색연필이나 형광펜 몇 개, 종이 두어 장이 필요하다.

꿈에 나타나는 근본 주제 발견하기

여기서의 핵심 목표는 반복적으로 나타나는 꿈 상징, 감정, 이미지, 장소 등등을 알아차려서 이것들이 집단적으로 대변하는 주제를 발견하는 것이다. 당신의 눈에 띄기를 바라는 고착된 행동 패턴이나 신념의 패턴을 꿈을 통해 파악하는 게 이 연습의 목적이다. 이렇게 알게 된 주제는 한 인간으로서의 성장이나 발전을 위해 사용할 수 있다.

이런 형식의 꿈 해석에서는 반복되는 상징과 이미지가 그냥 튀어나오게 두는 게 관건이다. 당신이 발견할지도 모르겠다고 미리 생각해둔 것에 집착하지 말라. 열린 마음과 기대치 제로의 자세로 일단 연습을 시작하길 바란다.

작업을 위해 선택한 여러 개의 꿈에서 반복적으로 등장하는 모든 꿈 상징을 색연필이나 형광펜으로 표시한다. 가령 대부분의 꿈에서 '집'이나 '호텔'이 등장한다면, 반복되는 상징으로 집을 표시한다. 다시 한 번 말하지만 여기서의 목표는 선택한 꿈들을 쭉 스캔하면서 여러 꿈에 걸쳐 공통으로 등장하는 모든 상징에 강조 표시를 하는 것이다.

당신 꿈에서는 '물'이나 '불'의 속성이 두드러지게 나타날 수 있다. 자신이 언제나 특정 의류(예컨대 청바지)를 입고 있다거나 특정 행동(예컨대 운전)을 자주 하고 있다는 사실을 알아차릴 수도 있다. 아니면, 자신이 '두려움'이나 '불안' 같은 단어를 반복적으로 사용하고 있다는 사실을 발견할 수도 있겠다.

어떤 경우든, 각기 다른 꿈 내용에 쭉 걸쳐서 반복적으로 나타나는 꿈 이미지가 이제는 더 이상 없다고 느낄 때까지 이 작업을 계속해나가라.

그런 뒤 강조 표시한 것들을 읽어 내려가면서 반복되는 상징들을 목록으로 만들어 종이 한 장에 쓰라. 다음은 내 고객 중 한 사람이 3개월간 꾼 꿈에서 반복적으로 나타나는 상징을 목록으로 작성한 것이다.

1. 집
2. 수영장
3. 두렵다
4. 엘리베이터

5. 자동차

6. 호텔

7. 기차

8. 열쇠

9. 바다

10. 가정

11. 학교

12. 해양

13. 도망침

14. 여성 운전자

15. 깨어 있는 삶에서는 모르는 사람들

16. 내 파트너

17. 불안하다

18. 파티

19. 이벤트

목록이 얼마나 긴지는 상관없다. 반복되는 꿈 상징들을 모두 나열했으면 다시 읽어보는 게 중요하다. 상징들을 '그룹'으로 조금 더 압축할 수 있는가 보기 위해서다. 가령 위의 목록은 다음과 같이 압축해볼 수 있다.

1. 수영장 / 해양 / 바다

2. 집 / 가정 / 호텔

3. 두렵다 / 불안하다 / 도망침(가령 무엇으로부터 도망침=회피)

4. 엘리베이터 / 열쇠

5. 학교

6. 자동차 / 기차 / 여성 운전자

7. 낯선 사람들

8. 내 파트너

9. 파티 / 이벤트

이렇게 그룹으로 묶인 상징들은 하나의 주제를 이룬다. 가령 '바다', '해양', '수영장'은 모두 물을 상징하고 표현한다. 즉, 첫 번째로 확인할 수 있는 주제는 물이다.

그다음으로 '집', '가정', '호텔' 역시 하나의 주제로 묶을 수 있다. 이것은 본인 정신의 상태다. 그룹으로 모을 수 있는 또 다른 상징은 꿈꾼 사람이 반복적으로 겪는 감정이다(불안, 두려움 또는 회피). 이 감정들은 꿈꾼 사람이 삶에서 어려움을 다루는 방식(가령 대처 전략)이라고 주제를 정할 수도 있다. 계속 이런 식으로 진행하면 된다.

가능한 한 많은 상징을 주제별로 묶어보길 바란다. 하나로 엮을 수 있는 상징들도 있지만 단독으로 존재하는 상징도 있다. 위 예의 경우 '학교', '낯선 사람들', 그리고 꿈꾼 사람의 '파트너'는 다른 상징들과 엮을 수 없다. 서로 유사하지 않기 때문이다. 그런 만큼 이것들은 단독 상징이고, 각 상징이 하나의 주제를 대변한다.

예를 들어 '학교'는 과거의 유년시절 경험이나 꿈꾸는 사람이 현재 진행 중인 배움을 나타내는 것으로 주제를 부여할 수 있다. '낯선 사람들'은 해당인이 내적으로나 외적으로 경험하고 있는 새로운 것 혹은 예상치 못한 것을 의미한다고 볼 수 있다. 파트너는 주제로 치면 친밀한 관계, 보다 간단하게 말하자면 실제 파트너를 대변한다.

이러한 상징을 매우 실용적이고 유용한 방식으로 다루는 게 이 작업의 목표다. 스스로에게 먼저 이렇게 물어보라. '나에게 이 상징은 무엇을 연상시키지?' 그런 다음 묻는다. '이 상징이 보편적으로 의미하는 것은 무엇이지?' 자신의 직관과 상식을 두루두루 활용하길 바란다.

여기서 발견하게 되는 주제는 당신의 삶에서 통합되고, 달라지고, 변형되어야 하는 것들을 명료하게 보여준다. 특정 상징이나 주제를 무시해버리고 싶은 마음이 든다면 혹은 반대로 굉장히 강렬한 반응이 올라온다면, 그것은 무조건 적어놓길 바란다.

원치 않는 이러한 상징은 해방을 가져오는 변화와 변혁의 대단한 실마리가 된다! 이것들은 당신이 선뜻 선택하는 상징은 아닐지 몰라도 당신에게 꼭 '필요한' 상징임은 틀림없다! 당신을 짜증 나게 만드는 상징적 주제 역시 해방을 위한 열쇠를 쥐고 있다. 꿈에서 계속 난장판인 집이 나온다면 꿈은 꽉 막힌 에너지, 신념, 감정 및(또는) 행동들을 치울 때가 됐음을 보여주는 것이다. 이렇게 질문해보라. '나는 무엇이 짓눌려 있는가? 나는 어떤 쓰레기를 치워야 하나?'

이 연습의 궁극적 목적은 이러한 주제(즉, 당신의 꿈 메시지!)를 더 큰 개인의 성장을 위해 사용하는 것이다. 아무리 뛰어난 영감과 통찰일지라도 제대로 활용하지 않는다면 무슨 소용이 있겠는가? 당신이 받은 정보를 사용하라! 발견한 주제를 상세히 풀어내는 데는 자기 성찰적 질문이 도움이 될 것이다. 가령 꿈에서 일관되게 나오는 주제가 회피라는 것을 알아차렸다면, 다음과 같은 질문을 할 수 있겠다.

내가 지금 회피하는 것은 무엇인가? 왜 내가 이것을 피하고 있지? 나는 친밀한 관계가 무섭나? 다른 사람의 비판이나 거부가 두렵나? 내가 원하는 것을 얻는다면 어떤 기분일까? "아니"라고 얘기하지 않고 "네"라고 얘기하면 어떻게 되려나? 내가 진정한 사랑을 찾게 되면 내 삶은 어떻게 변할까? 자신의 내면으로 깊게 자맥질해 들어가 당신을 망설이게 만드는 것을 찾아보라. 꿈이 당신의 숨겨진 두려움 위에 빛을 비추어 나아가야 할 길을 밝혀주도록 허용하라.

어쩌면 당신은 새롭게 마주한 상황이 결국에는 과거에 겪었던 일처럼 고통스러운 꼴로 끝나게 될 것이라고 생각할지 모른다. 혹은 무언가를 시도해봤자 실패해서 창피만 당할 것이라고 생각할 수도 있다. 어떤 경우든, 내면의 장애를 이겨내기 위해서는 그것을 바라보는 방식을 바꾸고 실제 행동에 나서야 한다. 만일 꿈이 당신의 회피 성향을 알려주고 있다면, 깨어나서는 당신이 피하고 있던 바로 그 경험, 감정, 또는 관계에 의도적으로 뛰어들어본다.

당신이 깨어 있는 삶에서 용기를 내어 새로운 방식을 시도한다면, 밤의 꿈 역시 당신에게 발맞춰 달라진다는 사실을 알게 될 것이다. '언제나 그렇듯이 꿈은 꿈꾸는 사람에게 맞춘다!' 즉, 깨어 있는 삶에서 행동을 바꾸면 꿈의 내용물도 달라진다. 가령 무언가에 계속 쫓기고 도망가는 무서운 꿈을 꾸었는데 나중에는 편하게 사람들과 교류하고 심지어 아무 동물이나 쓰다듬고 있는 꿈을 꿀 수 있다.

어려운 상징이나 감정 또는 주제와 여전히 씨름하고 있다면(우리 모두가 그러하듯), 그것들을 자각몽으로 초대할 수 있다. 이에 대해서는 9장에서 자세히 다룰 것이다. 자각몽은 '왜' 그 상징이 애초에 어려운지를 이해하는 데 매우 유용한 도움을 준다. 현재 어려움을 겪고 있는 그 문제와 연관된 기억을 보여달라고 그냥 자각몽에 요청하면 된다. 나는 이 연습을 할 때마다 특히나 머릿속이 환해졌고 그 결과 언제나 훨씬 기분이 좋아진 상태에서 일어났다. 당신 역시 그러기를 바란다!

4장

꿈을 가이드 삼아 행동에 나서기

앞서 우리는 대단히 유용한 꿈 해석 방법 두 가지를 배웠다. 하나는 '내가 고안한 ABC 방법'이고 다른 하나는 '주제 중심 방법'이다. 두 가지 모두 꿈작업이 조금만 노력하면 누구나 능숙해질 수 있는 훌륭한 기술임을 보여준다. 꿈은 우리의 인간성과 신성이 만나는 경계다. 다시 말해, 우리가 자면서 수신하는 가이드는 신성하다는 뜻이다.

꿈 메시지를 해독했다면 최종적으로는 그렇게 받은 가이드를 잘 활용해야 한다. 그것을 삶에서 직접 실천하는 것이다. 우리가 이제 집중적으로 다룰 부분이 바로 이것이다. 수신한 꿈 메시지로 개인의 성장을 꾀할 때 직접 행동을 취하는 부분 말이다.

내가 지금 당신에게 요즘 어떻게 지내시냐고 묻는다면, 당신은 어떻게 대답하겠는가? 피로와 좌절로 점철된 이야기를 들려주겠는가, 고요함과 받아들임의 내러티브를 들려주겠는가? 이와 비교해, 당신이 지금 진짜 느끼고 싶은 감정이 무엇이냐고 묻는다면 당신은 어떤 대답을 할까? 현재 당신이 가장 열망하는 느낌은 평온일지도 모르겠다. 아니면 완전한 탈바꿈에 대한 갈망같이, 지금의 상황에서 탈피할 수 있는 어떤 변화를 원하고 있을지도 모른다.

후자가 어떤 느낌인지는 나 역시 너무나도 잘 안다. 나는 20대 초반의 상당 부분을 지지받고 싶고 격려받고 싶다는 느낌에 사로잡혀 있었다. 하지만 내 일상의 경험은 그런 열망을 채우기에 턱없었다. 대부분 나는 그저 벅차고 불안할 뿐이었는데, 이 말은 곧 이런 내 느낌들이 삶의 현실로 고스란히 구현되고 있었다는 뜻이다.

당신 역시 이런 경험에 공감할 수 있을까? 현재 내 모습과 내가 원하는 내 모습 사이에는 상당한 간극이 존재하고, 원하는 방향으로 상황을 반전시키고 싶어도 정작 어떻게 해야 하는지 전혀 알 수가 없어 답답한 상황 말이다. 당신의 경우 그 간극이 터무니없이 클 수 있다. 아니면 더 나은 존재의 상태에 도달하기까지 그냥 한 발만 폴짝 뛰면 될 수도 있다.

어떤 경우든, 바로 이때 꿈이 대단히 큰 힘을 발휘할 수 있다는 점을 알아주었으면 좋겠다. 낮에 꾸는 꿈(우리 가슴의 내적 소명을 통해 발견하는 확실하고 확고한 삶의 비전들)과 밤에 꾸는 꿈 모두 우리를 좋은 방향으로 나아갈 수 있게 이끈다. 꿈은 이미지, 상징, 감정을 매개로 우리에게 말을 걺으로써 지금 여기에서 저기까지의 바로 그 간극을 어떻게 횡단해야 하는지 알려준다.

앞으로 알게 되겠지만, 일반몽으로 그 간극을 좁히는 방법은 꿈의 가이드에 따라 깨어 있는 삶에서 자신을 제약하는 신념과 감정과 행동을 변화시키는 것이다. 그리고 자각몽은 의식적인 자각의 상태에서 꿈의 정경을 적극적으로 바꾼 다음, 새롭게 변한 감정적 진동을 깨어 있는 삶까지 이어오는 방식으로 그 간극을 좁힌다. 두 방법 모두 효과가 좋다.

행동을 취하고 자신의 미래 목표를 존중하기

꿈 분석 수업을 할 때 사람들이 대부분 제일 먼저 선택하는 꿈 해석 방법은 주제 중심 방법이다. 대개 꿈일기를 통해 주제를 찾는 게 재미있기도 하고 쉽기 때문이기도 하다! 이 방법을 사용하는 사람들 중에서는 깨어 있는 삶에서 어떤 행동을 취해야 하는지 여전히 긴가민가하는 경우도 있다. 이때는 꿈 주제를 자신의 미래 목표와 현재 감정적 상태와 연결시켜서 보는 게 도움이 된다.

자신의 감정 상태를 이해하는 게 굳이 생각해볼 필요가 없을 만큼 쉬운 사람들도 있다. 하지만 많은 경우(한때의 나를 포함해) 이건 절대 쉽지 않다! 자신의 현재 감정적 상태를 이해하기 위해서는 자신이 느끼는 바를 정확히 집어내서 이름을 붙일 수 있어야 한다. 아래는 느낌을 알아차리는 데 도움이 되는 감정 형용사 목록이다.

- 보살피는, 안정감, 평화로움, 사랑받는
- 독창적인, 유쾌한, 사기가 하늘을 찌르는, 행복한

- 활기찬, 흥분된, 기쁜
- 신뢰감이 가는, 자신감 있는, 확신에 찬
- 좋은 일이 있을 것 같은, 낙관적인, 열의에 찬
- 기대되는, 신뢰감이 가는, 고무된
- 만족스러운, 평온한, 받아들이는, 희망에 찬
- 따분한, 지루한, 무심한
- 시니컬한, 불신의, 비관적인
- 좌절한, 동요하는, 속이 탄, 녹초가 된
- 예민한, 불안정한, 긴장되는, 패닉에 빠진
- 슬픈, 낙담한, 실망한, 당황스러운
- 걱정되는, 염려되는, 주저하는
- 두려운, 불안한, 겁먹은
- 속이 쓰린, 비난받는, 분개한
- 단념한, 불안정한, 불만족스러운
- 적의에 찬, 분노하는, 기분이 상한, 고통스러운
- 복수심에 찬, 앙심을 품은
- 격노하는, 진저리나는, 질색하는, 증오하는
- 시기하는, 부적절한 기분의, 질투하는
- 수치스러운, 자의식 강한, 두려운, 가치 없는
- 두려운, 근심스러운, 공포스러운

당신의 현재 기본 감정이 무엇인지 찾을 수 있는가? 어쩌면 당신은 '열의에 찬' 상태와 '희망에 찬' 상태 사이 어디 즈음에 있을 수도 있다. 혹은 낙담하거나 불안한 상태일 수도 있다. 이제 당신이 발견한 꿈 주제와 메시지에 대해 생각해보라. 꿈이 전해주는 감정적 메시지는 당신이 현재 삶에서 경험하는 상태와 유사한가 아니면 완전히 반대되는가?

나는 20대 때, 탈것을 타고 가는데 길이 언제나 위험하거나 장애물에 가로막히는 꿈을 반복해서 꾸었다. 가령 차를 타고 가는데 바로 앞에 방해물이 있거나, 배를 타고 바다에 나갔는데 파도가 크게 울렁이고 험했다. 이렇게 꿈은 전반적으로 부산스러웠고 나는 자주 지친 상태로 일어났다.

당시 깨어 있는 삶에서 나는 영적 수행 뒤에 숨어서 문제를 회피하는 영적 우회(spiritual bypassing) 상태에 있었다. 사실은 전혀 괜찮지가 않은데 모든 게 괜찮은 척했다. 나는 차분하고, 자신감 있고, 안정감 있는 사람이 되고 싶었고, 내 미래의 목표들은 표현만 다를 뿐 결국 그런 기분을 계속 느끼는 게 골자였다. 하지만 감정적으로나 생활적인 면에서 내 현실과 내가 되고 싶은 상태 사이에는 어마어마하게 큰 간극이 있었다.

어느 토요일 오후, 나는 앉아서 주제 중심 방식으로 꿈을 해독하고 있었다. 거의 6개월 동안 꿈에서 물, 교통수단, 불안정한 움직임이 등장했다는 사실이 보였다. 수개월 분량의 꿈 주제는 명확하게 애기하고 있었다. "너는 감정적으로 불안정한 상태고, 어떤 조치를 취하지 않으면 속에 있는 게 폭발하고 말 거야!"

깨어 있는 삶과 꿈에서 벌어지는 내 경험에 진심으로 주의를 기울여야 한다는 사실이 명명백백하게 보였다. 나는 삶에서 정서적 지지를 좀더 확고하게 다져야 하고 치유가 필요하다는 사실을 깨달았다. 사실 지금 되돌아보면, 의미를 파악하려고 조금만 노력했다면 내 꿈이 그보다 더 자명할 수 없었다는 사실이 바로 보인다!

하지만 당시에는 꿈이 제시하는 가이드를 거의 실행에 옮기지 못했다. 일기에 기록은 했으나 그것을 거의 활용하지 않았다. 나는 꿈이 6개월이나 계속 반복된 데에는 나의 그런 태도가 어느 정도 기여했다고 생각한다. 내 이슈가 만성적이고 견고한 것이었으니 꿈 주제는 내 주의를 끌기 위해 반복적으로 일관되게 노력한 것이다.

배 위에 있는데 바다가 말도 못하게 거칠다. 혹은 길 위를 달리고 있는데 어떤 커다란 문제가 코앞에 나타난다. 혹은 차바퀴가 터진다. 혹은 차 문이 떨어져 날아가버린다. 어떤 분위기인지 알겠는가! 거의 같다고 볼 수 있는 꿈이 약간씩만 변주될 뿐이었다. 하지만 핵심이 되는 상징 주제는 같았다. 탈것, 보트, 물, 길, 차, 불안정함. — 감정적 만족과 방향성의 결여.

반복되는 꿈(과 꿈 주제)은 문제의 핵심을 관통한다. 저런 꿈들을 꾸던 당시, 내가 씨름하고 있던 감정들은 사실 수년간 깔아뭉개고 있던 것이었다. 수면 아래에서 거칠게 일렁이는 저류底流나 깨진 도로는 내가 느끼고는 있되 표현하지 않았던 것들을 가리켰다. 소위 말해, 표면 아래에 눌려 있던 것들이 폭발하고 있었다.

재미있는 또 다른 사실은 내가 운전자나 선장이었던 적이 한 번도 없다는 것이다.

탈 것을 모는 사람은 언제나 타인이었다. 운전석에 있거나 배의 키를 잡고 있는 게 내 무의식적인 신념이나 본능이라고 말할 수도 있겠다. 꿈은 내가 삶에서 어떤 행동을 취해야 하는지 보여주었다. 상징을 통해 내가 꿈에서 적극적으로 하고 있지 않은 것(나는 한 번도 차량을 조종하지 않았다)과 내가 하고 있는 것(감정적으로 기겁하는 것)을 보여주었다. 이 모든 것은 내가 꿈을 주제 중심으로 분석한 후 매우 자명해졌다.

깨어 있는 삶에서 나는 운전자 혹은 배의 선장이 되어 나 자신에게 더 좋은 행로를 결정해야 했다. 그 대표적인 예가 감정을 억누르지 않고 표현하는 것이었다. 또한 혼돈으로 가득 찬 도로에서 벗어나 의식적으로 통제하는 쪽을 선택해야 했다. 꿈 주제와 메시지는 언제나 그 사람의 감정적, 관계적, 영적 요구를 고스란히 드러낸다. 꿈의 상징적 메시지는 언제나 당신이 옳은 행동을 선택하도록 안내할 것이다. 당신이 큰 그림에 관심을 기울인다면 더욱 그렇다!

그때 당시 내게 옳은 행동은 상담가를 찾아가 상담을 받고, 과거의 힘든 사건들로부터 벗어나 치유되는 것이었다. 내가 느끼는 기분이 달라지자(과거와의 연결을 진짜 변형함으로써) 꿈 역시 달라졌다. 만일 요즘 내가 그런 비슷한 꿈을 꾼다면, 나는 내가 진짜 느낌과 감정을 무시하고 있음을 알아차리고 즉시 내 감정적 상태를 점검할 것이다.

다시 말해, 이제는 내 꿈이 주는 가이드를 훨씬 빨리 실행할 것이다. 당신도 꿈작업을 오래 하다 보면 어떤 꿈들은 그 의미가 훨씬 분명하게 다가온다는 것을 알게 된다. 그러면 꿈을 한 번 꾸는 것만으로도 ― 정말 감사하게도 ― 메시지를 받을 수 있다!

궁극적으로 모든 꿈 주제는 당신의 에너지와 감정의 수준이 진짜 어느 정도인지를 보여준다. '현재 당신이 가장 두드러지게 느끼는 감정과 관련해' 어떤 행동들을 취해 나가는 게 옳은지 큰 그림을 그려줌으로써 미지의 세계를 항해하는 법을 정확하게 알려준다. 당신이 깨어 있는 삶에서 평소 감정을 회피하고, 억누르고, 무시하는 경향이 있다면 꿈은 완전히 공격적으로 나오는 식으로 이런 태도를 보상할 가능성이 크다!

이것은 다시 말해, 당신이 감정을 다루는 게 능숙해질수록 꿈 가이드도 유동적으로 그에 맞춰 달라질 것이라는 뜻이다. 그리고 그 결과, 어떤 행동을 취해야 하는지 더 잘 파악하게 되어서 본인의 현재 상태와 되고 싶은 상태 사이의 간극을 좁히는 게 훨씬 쉬워진다.

일반적인 꿈 주제들: 어떤 감정을 대변하고 어떤 행동을 암시하는가

예상하겠지만 꿈 주제와 상징에 대해 쓰자면 그 가짓수가 수천 개에 달한다. 내가 당신에게 알려주고 싶은 건 꿈 사전 같은 게 아니다. 꿈의 가이드를 이해하고 자기 것으로 만드는 명료하고 정확한 방법이다. 그러기 위해선 일반적인 꿈 주제를 그것이 촉발하는 느낌과 연결시켜 분석하는 과정을 보여주는 게 가장 효과적이다. 이렇게 분석하면 자신의 삶, 직업, 관계에서 성장하기 위해 어떤 행동을 취해야 하는지 정확하게 알 수 있다.

꿈작업을 하면서 나는 성별과 문화를 불문하고 공통으로 발견되는 꿈 주제가 무척 많다는 사실을 알게 되었다. 이 주제에 대해서는 과학적인 연구가 많이 시행되었는데, 그 대표적인 연구가인 패트리샤 가필드Patricia Garfield 박사는 꿈 주제의 보편성을 입증하기도 했다. 편의를 위해 아래에서 몇 가지 공통주제를 다뤄보겠다.

각 주제는 '긍정적' 또는 '부정적'이라고 말할 수 있는 내용을 연상시킨다. 하지만 나는 부정적인 연상조차 결국에는 당신을 돕기 위해 존재한다고 생각하기 때문에 이런 판단하는 말을 좋아하지 않는다. 미리 '좋다' 또는 '나쁘다'라는 생각으로 시야를 흐리는 것은 꿈의 가이드를 처음부터 오염시키는 것이나 다름없다. 그러니 꿈에 꼬리표 붙이는 일에 너무 몰두하지 않기를 바란다. 그저 열린 마음과 가슴으로 만나라!

일반적인 꿈 주제 1번: 상승하거나 하강하거나

어느 날 밤 나는 별빛이 내 몸 위로 뚝뚝 떨어지는 꿈을 꾸었다. 이 말이 추상적으로 들린다는 걸 안다. 하지만 정말 그랬다. 꿈속에서 우리는 비선형적이고 기묘한 은유적 형상의 세계로 들어간다. 혼은 우리의 영을 일깨우고 감정을 환기시키기 위해 은유로 말을 건다. 이때 동원되는 이미지는 우리를 근원으로, 즉 가장 진실한 자기의 모습으로 데려가기 위해 오롯이 애쓴다.

꿈에서 나는 맨몸으로 칠흑 같은 어둠 속에서 들판을 바라보며 서 있었다. 어둠은 내 주위의 모든 것을 삼켰다. 단 하나, 하늘만이 예외였다. 신비로움과 고요함이 맥동하던 하늘은 살아 있는 것처럼 보였다. 그러다가 눈을 한 번 깜빡였을 때, 머리 위에 있던 별 하나가 내 시선을 끌었다.

호기심이 생긴 나는 별에 시선을 고정했고 반짝이던 그것이 움직이는 모습을 지켜보았다. 그런데 일렁이는 별빛이 나를 향해 내려오기 시작했다. 별빛 방울이 내 몸 위로 떨어질 때 나는 서서히 뒤로 넘어갔다. 나는 땅 속으로 들어갔고 어둠 속에 파묻혔다. 바로 몇 분 뒤 나는 떠올랐고 별이 있는 쪽으로 상승해 그 빛의 에너지와 만났다. 나는 희열의 느낌이 잔잔히 어른거리는 상태에서 깨어났다.

꿈을 능숙하게 꾸는 사람이 되기 위해 노력할수록 당신은 일상적인 감정적 소란이나 심리적 투사의 범주를 넘어서는 꿈을 꾸게 될 것이다. 심상의 세계와 내면의 삶을 받아들이고 삶의 모든 면면에서 내면의 신성을 의식적으로 수용하기 시작하면 꿈이 단순히 하루의 잔상에 그치는 게 아님이 더욱 명확해진다.

꿈은 당신의 현재, 과거 그리고 미래의 모든 모습을 보여준다.

상승과 하강이라는 꿈 주제와 마찬가지로 당신은 물질 세계와 비물질 세계가 교차하는 우주적 접점이다. 하늘과 땅이, 신비와 세속이 만나는 곳이다.

꿈에서 우리는 여러 방식으로 상승하거나 하강한다. 날아다니고 추락한다. 계단과 사다리를 올라가고 내려간다. 엘리베이터와 비행기를 타고 올라가고 내려간다. 하지만 꿈을 꾸면서도 이러한 상징이 이 신비로운 교차에 대해 이야기하고 있음을 모른다.

현실적인 차원에서 이 주제는 우리 정신의 방과 관련된 것으로서 우리가 심리적으로 묻어둔 것, 과도하게 짊어지고 있는 짐이 무엇인지 알려준다. 당신의 의식 표면에는 무엇이 있는가? 정신 깊은 곳에서 캐내야 하는 것은 무엇인가? 당신이 손을 뻗어서 잡아야 하는 것은 무엇인가? 꿈을 통해 우리는 자신의 이러한 면면들을 의식의 전면으로 가져와 자각함으로써 다시 내 것으로 만든다. 본디 자신의 출발점이 어디인지 모르고서는 위로 올라가지 못한다. 아래로 하락하는 만큼 위로 상승한다는 사실을 알지 못하고서는 위로 올라가지 못한다.

우리 모두 '실각하다'(fall from grace)라는 관용구를 안다. 직역하면 '은총으로부터 떨어지다'라는 이 말은 우리가 영의 은총으로부터 분리되면 어떤 일이 벌어지는지를 겸허하게 보여주는 말이다. 상승과 하강의 꿈은 내면의 영을 돌보라는 상징적 알림이다. (이를 위해서는 어떤 식으로든 기분이 좋아지는 일을 하면 된다. 명상, 자기탐구, 자기보다 불운한 사람 돕기 등등이 그에 해당한다.) 핵심은 구덩이 속에 들어앉아 자기혐오에 빠져 있거나 은총으로부터 떨어지는 건 필연적인 일이라며 젠체하는 게 아니라, 우리가 완벽한 타이밍에 필요한 만큼 상승하고 하강할 것임을 믿는 것이다.

일반적인 꿈 주제 2번: 갇히거나 확장하거나

어딘가에 갇히는 것은 원초적 공포를 건드리는 일이기 때문에, 갇히는 꿈을 꾸면 거북함은 물론이고 공포마저도 느끼기 쉽다. (차 트렁크 같은) 작은 공간에 틀어박혀 있는 꿈부터 사람이나 상황에 의해 유폐되어 있는 악몽까지, 어딘가 갇혀 있다는 것은 쉬운 경험이 아니다. 만일 당신이 이런 종류의 꿈 주제를 자주 경험한다면 이것은 깨어 있는 삶에서 자신을 속박하고 있는 무언가로부터 벗어날 수 있게 최선을 다하라는 분명한 메시지다.

상황에 의해 어쩔 수 없이 피해자가 된 것이라고 믿어버리는 건 쉽다. 실제로 깨어 있는 삶에서는 그게 맞는 말일 수 있다(가령 트라우마나 폭력의 피해자처럼). 하지만 꿈에서는 그렇지 않다. 꿈이라면 그것은 자신을 둘러싼 환경, 관계, 그리고 가장 중요하게는 기분에 대처하는 능력을 되찾으라는 신호다. 당신의 꿈, 그리고 영은 당신이 창조적인 자유와 안녕을 탐색하는 방법을 찾을 수 있도록 언제나 조력할 것이다.

자신이 현재 처한 상황을 온전하게 인정하는 게 유일한 탈출구가 될 때도 있다. 어떤 공간에 있는 게 숨이 막힐 만큼 답답하면 '무슨 짓을 하더라도' 그곳의 속박으로부터 벗어나려고 발버둥 치기 마련이다. 즉, 이럴 때 내면의 힘을 이용해 제약에서 벗어나 자신에게 필요한 자유를 찾는다!

갇혀 있는 상황을 묘사할 수 있는 다른 단어들을 찾아보면 '감금된, 구속된, 매장된, 사방이 둘러싸인, 막힌' 등등을 예로 들 수 있겠다. 각자의 꿈 상징과 주제에 따라 어떤 단어가 자신의 경험에 가장 적합한지 알게 될 것이다.

가령 생매장당하는 꿈은 주제적으로 의미가 분명하다. 여전히 살아 있는 무언가의 폭력적인 죽음이다. 그 무언가는 심리적 본능, 관계, 내면의 영, 느낌, 목표, 소원일 수도 있고, 조금 무섭게는 인격의 어떤 부분이 묻혀 있음을 나타내는 상징일 수도 있다.

그런 다음 꿈은 꿈꾼 사람의 가장 내밀한 욕망들이 보다 온전한 형태를 띠게 되기 전까지 그것을 잘 보호하라고 경고한다. 아니면 소중하게 갖고 있다가 난데없이 빼앗긴 무언가의 상실을 애도하고, 언제나 그렇듯 다른 꿈 상징들을 통해 어떤 행동을 취해야 하는지 보여줄 수 있다.

그러니 어떤 형태로든 갇혀 있는 꿈은 무슨 방법을 동원해서라도 힘을 내라는 메시지다. 아주 작은 시도도 도움이 될 것이다! 갇혀 있는 느낌에서 벗어나게 해줄 유용한 해독제는 일단 목소리를 사용하는 것이다. 그런 느낌을 들게 하는 것에 말을 걸고 덫처럼 죄어오는 대상에 이름을 붙이라. 그리고 그것 대신 경험하고 싶은 것을 큰 소리로 선언한 다음 행동을 취하라.

갇혀 있는 것의 이면에는 확장, 편안함, 자유의 경험이 존재한다. 해변, 신남, 날아갈 듯한 홀가분함, 확장의 꿈은 즐거운 꿈이다. 외국으로 여행하는 꿈을 꾸면 나는 내가 감정적으로 확장의 상태에 있음을 알아차린다. 나는 탐험하는 것을 좋아하므로 확장하는 꿈은 그냥 기분이 좋다.

이런 꿈은 아무런 맥락 없이 등장할 때도 있고, 자신이 현재 처한 상황과 명백하게 관련되어 있을 때도 있다. 두 경우 모두 대개 타이밍에 대한 메시지를 전달한다. 하나는 일상에서 확장의 느낌을 잘 살리고 현재 상황이 어떻든 미래에 확장될 수 있다는 사실을 믿으라는 것이고, 다른 하나는 깨어 있는 삶에서 현재 하고 있는 일이 잘 되어가고 있거나 곧 성과가 날 것이므로 계속 하라는 명백한 사인이다!

꿈 주제로서 확장은 당신이 일종의 어려움이나 본인을 옥죄는 상황에서 벗어나는 모습을 보여주기도 한다. 확장되는 느낌이나 확장을 나타내는 상징은 스펙트럼으로 나타날 수 있다. 가령 사슬이 끊긴다거나 새로운 방이나 출입구를 발견하는 꿈을 꾸는 식이다. 무슨 꿈이든 그 속에서 나타나는 행동의 본질은 하나다. — 제약을 벗어버리고 확장을 향한 문을 열어젖히는 것이다.

일반적인 꿈 주제 3번: 쫓기거나 누군가의 품에 안기거나

나와 함께 작업한 사람들 중 쫓기는 꿈을 반복적으로 꾼 사람이 얼마나 많은지 모른다. 쫓기는 것은 밤의 꿈까지 따라온 일정 수준의 불안이 기분 나쁘게 표현된 상징일 때도 있다. 만일 당신이 이런 경우에 해당하는 것 같다면 아리아나 허핑턴^{Arianna Huffington}의 책, 《수면 혁명》*을 꼭 읽어보길 바란다. 도움이 되는 수면 연습이 많다.

하지만 꿈에서 쫓기는 것은 불안보다 훨씬 더 큰 것을 상징할 때도 많다. 만일 당신 역시 많은 다른 사람들처럼 꿈에서 반복적으로 쫓기고 있다면 지금이야말로 자신의 '진짜' 감정, 그리고 '내가 생각하는 나'의 모습을 살펴봐야 하는 타이밍일 수 있다. 당신은 현상 유지를 하려면 삶에서 특정 방식으로 행동하거나 특정 이미지를 고수해야 한다고 생각할 수 있다. 당신이 쫓기고 있다면 사실 꿈은 당신이 자기 자신과 과거 혹은 미래에서 벗어날 수는 없음을 진심으로 전하려고 애쓰는 중이다!

이런 유형의 꿈에서는 당신을 쫓는 게 무엇인지 혹은 누구인지를 눈여겨보는 게 도움이 된다. 이것은 대단히 큰 통찰을 준다. 당신을 쫓는 건 남자인가 여자인가? 동물이 당신 뒤를 쫓아가고 있나? 여러 사람들(예컨대 군인들)이 당신을 추적하고 있나? 아니면 정체를 알수 없거나 무서운 형상을 한 어떤 사람인가? (꿈속 인물에 대해서는 후반

★The Sleep Revolution: Transforming Your Life, One Night at a Time

부에 따라 따로 충분히 다룰 것이다. 지금은 당신의 일반적인 꿈 주제에 대해 보다 폭넓게 생각하는 방법을 보여주려는 것뿐이다.)

당신을 쫓고 있던 '그것'이 결국 당신을 잡는다면, 무슨 일이 벌어질 것 같은가? 그리고 이걸 뒤집어서, 만일 마음 먹고 뒤돌아 서서 꿈속 박해자의 얼굴을 마주한다면 어떤 일이 일어날 것 같은가? 당신이 지닌 감정적 힘, 능력, 심지어 사랑까지도 모두 끌어모아 마주한다면?

쫓기는 것의 반대 스펙트럼에는 누군가 당신을 포옹하는 사랑스러운 꿈이 있다. 꿈에서 누군가에게 안기는 것은 자기 자신과 타인을 보다 자비롭게 대하라는 요청일 수 있다. 아니면 더 많은 친교, 관계, 모든 형태의(로맨틱한, 성적인, 또는 플라토닉한) 사랑에 대한 갈망을 알리는 것일 수도 있다. 주제적인 측면에서 이 꿈은 당신의 삶이 현재 당신을 어떻게 보살피고 포용하는지 살펴보라는 신호다. 그런 뒤 삶이 당신에게 선사하는 모든 선함을 다 포용할 수 있게 적절한 행동을 취하라는 메시지다.

일반적인 꿈 주제 4번: 죽음, 삶 그리고 부활

꿈에서 죽음/삶/부활은 대단히 기본적이고 근본적인 성격의 주제이기 때문에 아마도 이것을 제대로 다루기 위해서는 책 한 권을 따로 써도 모자랄 것이다. 이 꿈 주제에 본격적으로 뛰어들기 전에 나는 당신이 먼저 죽음과 죽어가는 것, 삶과 부활에 대해 어떤 감정을 갖고 있는지 알아봐야 한다고 말하고 싶다. 본인이 개인적으로 이런 주제들을 어떻게 생각하고 있는지 파악하고 있으면 그 주제가 꿈에서 재현되는 방식이 훨씬 더 잘 이해된다.

죽음/삶이라는 주제는 시작과 끝, 변형과 성장과 관계가 있다. 자신이 삶의 순환을 어떻게 대하고 있는지 살펴보라. 죽음과 탄생 모두 일종의 입문이다. 통과의례. 지금 스스로에게 물어보라. 어떤 상황, 과정, 사람 또는 상황이 나를 입문시키고 있는가?

자기성찰적 질문은 꿈 해석 및 개인의 성장 탐구 과정에서 언제나 도움이 된다. 옳은 질문을 찾아내는 감각을 키우길 바란다. 그런 뒤 자신이 꿈과 삶에서 이러한 질문 및 주제들을 어떻게 다루고 있는지 살펴보라.

어쩌면 당신은 죽었거나 썩은 것(시체 꿈)을 꽉 쥐고 있을 수 있다. 아니면 새로운 무언가에 생명을 불어넣고 있나? 꿈속의 아기, 잠재력 덩어리지만 연약한 그 존재는 당신인가? 당신은 결혼식에서 슬피 울고 장례식에서 축하하고 있는가? 어떤 변화의 주기가 불어 닥치고 있는가? 당신은 활짝 핀 꽃밭에 서 있는가?

무엇이 죽어 사라지고 있는가? 무엇이 태어나고 있는가? 꿈속의 '당신'은 더 늙은 당신 혹은 더 젊은 당신처럼 보이는가? 이상한 귀신 같은 게 꿈에 나오나? 모든 건 삶과 죽음의 우주적 상호작용이 당신의 꿈이라는 멍석 위에서 상징적으로 표현된 것이다.

반면 부활은 죽음과 삶 모두를 포괄한다. 부활의 상징은 잿더미에서 태어나는 피닉스다. 그것은 불타 죽어 재로 변한다. 이제 다 끝나 희망도 없어 보이는 순간, 그것은 다시 태어난다. 죽음의 잿더미를 통해 변형의 과정을 거쳐 다시 한 번 생명을 호흡한다. 부활의 아름다운 순환 속에서 죽음과 삶 모두를 구현한다.

죽음, 탄생 그리고 부활은 우리를 넘어서는 큰 힘이다. 하지만 동시에 우리를 통해 흘러들어와 경험되는 힘이기도 하다. 이것은 모든 생명을 약동하게 하는 신비다. 이러한 꿈 메시지와 주제에 언제나 내맡김의 차원이 내포되어 있는 이유다. 모든 입문이 그러하듯, 당신 역시 이 과정에 온전히 자신을 내맡기면 반대편에 도달할 수 있고, 그렇게 도착한 당신은 예전과는 절대 같은 사람이 될 수 없다.

집단적인 상징과 꿈 주제에 대한 당신만의 의미 이해하기

꿈 주제와 상징이 사람들에게 촉발하는 감정은 보편적인 구석이 있다. 가령 우리 모두 쫓기는 게 어떤 느낌인지 안다. 하지만 쫓는 사람이 누구냐는 사람마다 다 다르다. 마찬가지로, 돌봄이라는 집단적인 꿈 주제에 대해서도 이렇게 생각해볼 수 있다.

꿈에 나타나는 돌봄의 이미지는 무수히 많을 것이다. 곡식, 음식, 그리고 어머니는 그러한 상징적 이미지의 세 가지 예다. 이 셋은 물질적 측면과 애정적 측면 모두에서의 충족, 즉 '길러지다'라는 의미가 구현된 포괄적인 경험에 뿌리를 두고 있다.

하지만 당신은 '곡식으로 배가 부른 것'으로는 절대 성이 차지 않아서 언제부터였는지 기억도 안 날 만큼 오랫동안 굶주린 상태였을 수 있다. 이런 상황에서 당신의 양육자가 뭘 먹여야 할지 몰라 손을 놓고 있다면 당신은 어떻게 스스로를 먹여 살릴 것인가? 당신의 내면 세계를 나타내는 허기를 채워주는 것이 그 시작일 것이다.

이미지와 상징을 작업할 때는 그것의 집단적(또는 일반적인) 의미뿐 아니라 해당 이미지나 상징에 얽힌 본인의 개인적인 경험 역시 살펴보는 게 좋다. '어머니'가 많은 함의를 담은 집단 상징이기는 하지만 동시에 오롯이 당신에게만 의미가 있는 무언가를 대변하는 것과 마찬가지로 말이다. 꽃 역시 이러한 집단 상징의 훌륭한 예다. 전 세계의 무수히 많은 문화가 중요한 사건이나 삶의 통과의례, 가령 결혼식, 생일, 기념일, 장례식 등을 기념하기 위해 꽃을 사용한다. 꽃 본연의 구조는 보편적으로 세 개의 순환, 즉 씨가 땅에 심어지고, 꽃을 피우고, 시드는 과정을 표상한다. (이러한 순환은 자연의 노화 과정에서 자명하게 보인다). 여기서 한 발 더 나아간다면 꽃이 삶, 죽음, 그리고 부활이라는 더 커다란 모티프를 상징한다는 것 역시 알 수 있다.

만일 꿈에 꽃이 나온다면 꽃의 종류가 무엇인지, 상태는 어떠했는지를 살펴서 꿈 가이드를 얻으면 된다. 꽃과 관련된 내 꿈 경험을 하나 들려드리겠다.

내 여동생은 재스민을 정말 좋아한다. 아주 어렸을 때부터 좋아했다. 실제로 우리가 동네를 산책하면 동생은 언제나 재스민이 있는 곳에서 멈춰 서서 꽃을 모았다. 이건 동생이 지금까지도 좋아하는 일이다! 그래서 나는 재스민을 볼 때마다 여동생이 생각나고, 동생과의 좋은 추억과 감정들이 물밀듯이 몰려온다.

그런 만큼 나는 재스민 꿈을 꾸면 이것이 나만의 고유한 상징임을 안다. 풍부한 이미지와 감정으로 가득한 재스민 꿈은 돈독한 자매애를 상기시킨다. 재스민은 나에게 특별한 의미가 있는 상징인 동시에 집단적 의미를 가진 상징이다. 나의 개인적인 의미가 담긴 집단 상징의 꿈 내용은 다음과 같다.

나는 탁 트인 들판에 행복하게 서 있었다. 그런데 갑자기 아무런 조짐도 없이 재스민 덩굴이 나를 옭아매기 시작했다. 덩굴은 내 몸 위를 기어오르더니 급기야 내 목을 칭칭 감고 서서히 목을 졸랐다. 너무 무섭기는 했지만 나는 재스민 덩굴에 더 이상 감겨 있기 싫다고 겨우겨우 크게 말할 수 있었다. 그러자 그 순간 꽃이 나를 풀어 주었다. 그리고 덩굴은 저절로 뿌리가 뽑혀 나에게서 멀리 떨어진 들판의 바닥으로 자리를 옮겼다.

이 꿈을 꿀 당시 나는 친구와 독이 되는 관계를 맺고 있었으나 그 상황의 진실을 마주하고 싶지 않아 했다. 그 관계는 소위 말하는 여자들의 우정과는 완전히 대척점에 있었다. 꿈에서 나는 내가 얼진실을 얼마나 부정하고 있는지를 보았고, 그 관계를 이어나가는 게 나에게 해가 된다는 사실을 알게 되었다. 나는 우리 둘 모두가 다른 곳에서 꽃을 피울 기회(상징적 부활)를 가지려면 내가 진실을 소리 내어 말하고 이 관계에서 벗어나야(상징적 죽음) 한다는 사실을 깨달았다.

당신 역시 꿈에서 본인에게 더 많은 의미를 지닌 상징과 꿈 주제가 나온다는 것을 알게 될 것이다. 이것은 당신이 그것들과 관련된 기억을 갖고 있기 때문이다. 그럴 때는 본인의 경험을 이용하여 왜 그 상징을 굳이 그러한 방식으로, 그리고 왜 그 타이밍에 보게 되었는지를 이해하는 게 중요하다. 그래도 여전히 풀리지 않는 지점이 있다면 꿈 해석의 만능 질문인 "왜 굳이 지금, 이렇게 전개되는 이 꿈을 꾼 것일까?"를 스스로에게 묻길 바란다.

5장

꿈의 공통적 풍경 횡단하기

꿈을 꿀 때 우리가 여행하는 꿈의 풍경은 지하세계, 내면세계, 그리고 외부세계로 나눌 수 있다. 지하세계는 무의식을 반영한다. 내면세계는 당신 가슴과 혼의 풍경이다. 당신이 영과 맺고 있는 고유한 관계이고, 루시드 드리머가 아주 잘 알게 되는 경계 너머의 무한한 가능성의 영역이기도 하다. 외부세계는 우리가 삶 혹은 현실이라고 부르는 물질 세계가 꿈에 반영된 풍경이다. 이 세 개의 '세계' 모두 우리가 꿈에서 실제로 보는 풍경, 그리고 우리가 꿈에서 취하는 움직임으로 표현되고 대변된다.

꿈풍경 속에서 우리가 있는 곳은 집, 건물, 사무실, 쇼핑몰, 주차장, 숲, 산, 동굴, 사막, 정원, 호수나 바다, 심지어 외국일 때도 있다. 이러한 장소는 우리가 잘 알고 있는 곳일 때도 있고, 전혀 모르는 곳일 때도 있다. 우리는 이러한 장소를 정신없이 돌아다닐 때도 있고, 보다 차분히 평화롭게 지나다닐 때도 있다. 그리고 그런 꿈풍경의 이미지를 보며 우리는 '자신이 현재 서 있는 위치' 그리고 '그곳에 있기 때문에 보게 되고 하게 되는 것'과 관련해 어디로 가면 균형과 전일성의 상태로 나아갈 수 있는지 살필 수 있다.

꿈에 나오는 장소는 당신 개인의 삶의 상태와 더불어 집단의 상태 역시 보여준다. 여기서 집단이란 자연, 삶, 그리고 지구상에 존재하는 모든 인류의 상태다. 즉, 개인을 넘어선 전체 말이다. 내가 워크숍 참가자와 고객들로부터 듣는 가장 일반적인 꿈풍경 몇 개를 아래에 소개한다. 꿈풍경을 작업할 때는 꿈에서 발견되는 부조화의 요소들을 조화롭게 만들겠다는 의도를 갖는 게 좋다. 이 다양한 상징적 장소로 함께 여행을 떠나보자.

1번: 동굴 — 내면을 향한 여정의 시작

아주 오래전부터 동굴은 인간에게 중요한 의미를 지녔다. 동굴은 예로부터 묘실, 원초적 형태의 보호소와 피난처, 신성한 숭배와 교류의 장으로 이용되었다. 전 세계 동굴에서 발견되는 암각화는 고대의 신성한 영적 교감이 여러 문화에서 공통으로 일어난 것임을 증언한다.

동굴은 역사적으로 오랫동안 이용되어왔고 영적인 용도로도 쓰였기 때문에 그로부터 파생된 상징적 의미가 다양하다. 신화나 전설에서 동굴은 여신과 관련될 때가 많다. 이곳은 우주적 자궁으로서 동굴 안으로 위험을 무릅쓰고 들어간 사람은 새로운 단계로 입문을 하고, 동굴에서 나가는 순간 어떤 의미에서는 부활한다. 동굴은 죽음/삶/부활의 주제와 연관된 장소이지만 본질적으로 피신처와 안전한 장소에 대한 근본적인 필요를 의미하기도 한다. 동굴은 꿈꾸는 사람의 이야기에 따라 치유의 장소가 될 수도, 공포의 장소가 될 수도 있다.

신화만 들여다봐도 이 중요한 꿈풍경에서 발견되는 집단적 진실을 한층 더 깊게 파악할 수 있다. 일본 신토 종교의 태양 여신 아마테라스 이야기를 따라가면 동굴이 가진 힘을 알게 된다. 이야기는 다음과 같이 흘러간다.

아름다운 태양 여신이 남동생의 수없이 반복되는 잔악한 행동에 공포에 떨다가 절박한 마음을 안고 동굴 안으로 피신한다. 동굴로 들어갈 때 그녀는 자신의 빛도 가져가버렸고 그 결과 세상은 어둠에 빠졌다. 자연스레 혼돈이 뒤따랐고 이에 800명에 달하는 신이 동굴 밖에 모여 그녀를 밖으로 나오게 만들려고 애쓰고 있었다. 신도, 그리고 세상도 그녀의 빛이 간절하게 필요했다.

바로 이때 천계의 여신인 아메노우즈메는 웃음으로 이 상황을 타개해보기로 했고 상황은 반전되기 시작했다. 이 여신은 동굴 밖에서 미친 듯이 춤을 추면서 자기 알몸의 이런저런 부위를 사람들에게 획 보여주었다 감췄다를 반복했다. 그러자 신들이 우레와 같은 웃음을 터트렸다.

웃음소리에 호기심이 생긴 여신은 동굴 밖으로 빠끔히 고개를 내밀었다. 하지만 그녀는 밖에서 일어난 소동 대신, 동굴 밖에 일부러 가져다 둔 거울에 비친 자신의 모습을 보았다. 바로 그 순간, 그녀는 자신이 본래 가진 신성과 아름다움을 다시 자각하게 되었다. 이에 여신은 동굴 밖으로 나왔고 세상은 다시 환한 빛 속에 잠겼다.

동굴은 특히나 밝은 장소로는 결코 볼 수 없다. 동굴을 잠식한 어둠은 동굴이라고 하는 것의 본질이다. 그리고 결실은 어둠 속에서 맺힌다. 동굴은 딱히 우리가 심리적으로 자유를 연상시키는 공간이 아니다. 오히려 집단 상징으로서의 동굴은 우리가 후퇴하고, 살아남고, 들어가고, 모여 교감하고, 비전^{vision}을 찾는 장소다. 내면의 세계가 배양되는 어두운 보물창고다.

동굴은 자연적이고 물리적인 속박의 장소다. 하지만 실제 동굴과 그 동굴로 들어가는 사람에 따라 그 속박의 의미도 각기 다르다. 동굴은 꿈꾸는 사람인 당신에 따라, 그리고 삶의 지형에서 당신이 현재 처한 위치에 따라 안전한 공간이 될 수도, 덫이 놓인 장소가 될 수도 있다.

내가 함께 작업했던 사람들 중 많은 경우가 내면의 큰 변화나 변형(이사, 삶의 단계, 일, 이혼 등)을 겪고 있을 때 동굴 꿈을 꾸었다. 그들은 영적인 여정에 깊게 몰입해 있거나 내면에서 삶의 의지를 막 재발견하거나 재발견해야 하는 사람들이었다.

탄력성과 용기가 꼭 필요한 새로운 삶의 주기에 진입할 때 동굴 꿈을 꾸는 사람들도 많다. 처음으로 엄마나 아빠가 되는 여정이 이런 경우다. 혹은 사랑하는 사람과 사별해서 슬픔에 잠긴 사람이 애도 과정을 통해 내면세계의 변화를 겪고서 꾸기도 한다. (이때는 아마테

라스의 이야기를 보며 웃음에 슬픔을 누그러뜨릴 수 있는 힘이 있음을 기억하는 게 도움이 될 수 있다.)

꿈에 동굴이 나오면 동굴에 있는 시간 동안 자기가 어떤 감정을 느꼈는지 살피는 게 중요하다. 동굴에 용감하게 들어갔나? 아니면 누군가에게 쫓겨서 동굴로 들어갔나? 입구/출구가 보이나? 불을 들고 들어갔나, 아니면 동굴 안에서 찾았나? 동굴이 완전히 어둠에 잠겨 있었나? 꿈속에서 어떤 느낌이었나? 전체 꿈은 무엇이었고, 동굴은 당신이 경험하던 일에서 어떤 역할을 했나?

모든 꿈풍경이 그러하듯이, 꿈에서 그리고 깨어 있는 삶에서 당신이 그 상징을 어떻게 생각하느냐가 꿈의 의미에 더 큰 통찰을 제시할 것이다. 만일 당신이 자각몽을 꾸는데 동굴에 들어갔다면, 동굴에게 자기 이야기를 해달라고 부탁해보라. 분명 굉장한 이야기를 듣게 될 것이다! 아니면 당신이 원하는 방식대로 동굴을 탐험해봐도 좋다.

동굴과 관련된 또 다른 꿈 상징은 텐트, 석굴, 또는 미로다.

2번: 산 — 힘과 인내

꿈에서 산과 교류하는 방법은 많다. 꿈을 꿨는데 산 정상에 오르기 직전이고 눈앞에 광활한 지평선이 보인다면 당신은 일종의 카타르시스를 경험하게 될 것이다. 어려운 일을 기어코 성취했을 때 느껴지는 벅찬 만족감이 느껴질 것이다. 내 손으로 일군 성공에 대한 희열 말이다. 많은 경우 산 정상 꿈은 꿈꾼 사람이 깨어 있는 삶에서 곧 경험하게 될 성취나 최근 이룬 중요한 성취를 상징적으로 나타낸다.

만일 산을 힘겹게 올라가고 있다면, 자신이 삶에서 어디를 향해 가고 있으며 왜 가는지를 스스로에게 물어봐야 한다. 당신의 근본적인 동기는 무엇인가? 당신은 포기할 것인가, 계속 갈 것인가? 내면의 힘을 끌어모아 끝까지 가야만 하는가?

산에서 급커브와 까마득한 절벽을 곡예 하듯이 운전하며 길을 헤쳐 나가는 꿈도 있다. 꿈꾸는 사람이 차의 운전대를 잡고는 있지만 가는 길에 긴장이 팽배하다. 핸들을 한 번만 잘못 돌려도 까마득한 바닥으로 떨어질 것을 알고 있으니 아드레날린이 솟구친다! 겉으로만 보면 이런 유의 꿈은 부정적으로 보이지만 사실 대체적으로 그렇지 않다.

이런 종류의 꿈은 꿈꾼 사람이 현재 경험하고 있는 탈바꿈의 과정을 상징할 뿐이다. 삶에서 유의미한 변화를 일으키기 위해서는 엄청난 내면의 용기가 필요하다. 산 꿈은 꿈꾼 사람이 걸어가는 여정을 상징적으로 보여주고 있는 것이다. 꿈은 현재 변형이 일어나고 있음을 확인시켜주는 내면의 목소리다.

당신이 현재 감정적 또는 심리적 변형의 과정을 겪는 중이라면 꼭 필요한 변화가 너무 벅차게 느껴질 수 있고, 심지어 위협으로 다가올 수도 있다. 특히 오래도록 고착되었던 행동 패턴을 폐기하려고 한다면 더욱 그럴 것이다. 가령 당신이 무언가(혹은 누군가)에 중독되어 있다가 이제 사는 방식을 바꾸겠다고 진지하게(뼛속까지) 노력 중이라면, 깎아지른 절벽이 중심 이미지인 산 꿈을 꿀 수도 있다.

당신이 혹시나 예전 생활로 돌아가 건강한 상태를 다시 한 번 포기해버리는 것은 너무 위험한 일이다(깎아지른 낭떠러지처럼). 그래서 꿈은 산(그리고 깎아지른 낭떠러지를 달리는 자동차)이라는 이미지를 통해 당신에게 용기를 내야 한다는 메시지를 보낸 것이다. 더 나은 것을 경험하기 위해서는 의식의 도약이 꼭 필요함을 일깨워주는 것이다. 꿈은 포기하지 말라고 일러주기 위해 당신에게 온다! 당신이 매일매일 더 좋은 선택을 해 결국 더 나은 기분을 느낄 수 있게 말이다.

내 고객들 중 조상의 한계에 대해 작업하던 사람들 역시 이런 종류의 꿈을 많이 꾸었다. 조상의 한계란 (대부분) 당신의 윗대가 고생하던 문제나 이슈 등을 말한다. 가령 결혼에 실패하는 반복된 패턴이 가족력에 나타난다면 이것이 조상의 한계다. 이혼이든, 약물 남용이든, 정신질환이든, 성공적인 결혼을 막는 다른 장애든, 해로에 실패하는 패턴이 대를 거듭해 나타날 수 있다. 조상의 한계는 대물림되는 트라우마, 즉 세대를 거쳐 내려오는 트라우마를 의미할 때도 많다.

당신의 가족들에 대해 생각해보라. 왜인지 모르게 가족과 친척들이 자주 혹은 언제나 똑같은 종류의 시나리오나 상황에 처하고 마는 게 보이는가? 만일 그렇다면, 당신은 조상으로부터 물려받은 신념의 패턴을 갖고 있을 가능성이 크다. 하지만 이제 당신이 그 고리를 끊는 사람이 될 수 있다!

한 가족이 대대로 한 가지 행동 방식이나 존재 방식에 완전히 꽉 막혀 있을 수 있다. 일족이 변하거나 적응하는 걸 막는 한계나 방해물이 있었을 것이다. 꿈꾼 사람이 등장하기 전까지는 말이다. 이제 꿈꾼 사람은 산을 정복하고, 그 과정에서 전체 혈족이 이룰 수 없었던 것을 바꾸고 있다. 이 얼마나 대단한 여정인가!

당신의 조부모가 산어귀에 천막을 쳤고, 당신의 부모는 산허리까지 전진했지만 그 이상 올라가지 못했을 수 있다. 그런데 이제 당신이 나타나 산을 운전해(걸어가는 게 아니라!) 올라가고 있다. 당신의 꿈은 조상보다 더 멀리 가라고, 비전을 갖고 앞으로 나아가라고 말하고 있다.

실제 산을 올라가려면 많은 힘과 결단이 필요하고, 은유의 산을 올라가려면 그보다 더 많은 인내가 필요하다. 한 번도 가지 못했던 곳을 가려면, 미지의 세계에 기꺼이 한 발을 내딛으려면, 당연히 불안이 올라온다. 하지만 이 말이 당신이 할 수 없다는 말은 아니며 포기해야 한다는 말도 아니다! 사실 꿈의 전언은 정반대다. 꿈은 불안을 껴안되 계속해서 앞으로 전진하라고 말한다.

산 꿈을 꾸는 당신은 영적으로 인내해야 하는 여정을 가고 있는 것이다. 지도는 필요 없다. 꿈이 GPS가 되어 당신의 앞길을 안내해주고 있으니. 꿈에, 그리고 당신이 꿈을 받아들이는 방식에 오류란 없다. 당신은 더 즐거운 일들을 꿈꾸고 싶겠지만 가끔은 산 꿈 같은 것이 그저 '필요할' 때도 있다.

꿈에 나오는 산 풍경은 참자기(Self)의 여러 다른 버전 또는 여러 다른 시대를 상징하기도 한다. 산어귀는 당신의 과거 버전 및 당신의 과거 그 자체를 표상한다. 산허리는 현재 순간과 당신이 보는 스스로의 현재 모습을 나타낸다. 산꼭대기는 미래에 경험될 가장 높고 가장 현실화된 참자기의 모습을 의미한다.

산 꿈은 저절로 해소될 수 있다. 꿈속에서 그렇게 될 때도 있고 (특히 꿈꾸는 사람이 꿈이 주는 불안에서 깨어나지 못하는 경우), 매번 조금씩 다른 일련의 꿈이 반복적으로 나타나다가 해소되기도 한다. 후자의 경우는 대개 깨어 있는 삶에서 실제 벌어지는 일 때문에, 그리고 꿈꾸는 사람이 산이 은유하는 것을 정복하기 위해 적극적으로 취하는 행동 때문일 때가 많다. 어느 쪽이든 꿈꾸는 사람이 삶에서나 꿈에서 산꼭대기에 올라가는 것은 언제나 가능하다.

현대에는 마천루, 타워, 고층건물, 엘리베이터 등이 산이라는 꿈풍경을 대체하는 경우가 많다.

3번: 탁 트인 들판 — 광범위한 가능성

당신이 꿈에서 탁 트인 광활한 풍경에 서 있다면 그것은 당신이 찾고 있는 답이 잘 보이는 곳에 있다는 의미다. 시야를 가리는 방해물이 없다. 들판은 감정으로 가득한 장소다. 탁 트인 들판은 자신이 처한 상황의 대안들을 탐색해야 할 때 많이 꾼다. 들판은 꿈꾸는 사람이 주위를 둘러보며 재발견해야 하는 기회가 많음을 의미한다. 들판은 해결책을 추구하고 찾을 수 있는 풍요로운 은유의 땅이다.

만일 당신이 깨어 있는 삶에서 '오직' 한 가지 방법 또는 한 가지 해답밖에 없어 보이는 상황에 처했다면, 꿈속의 들판은 당신이 그 상황에 지나치게 몰두해 있으니 한발 물러나 도움을 구하라고 말하는 것이다. 혹은 시야를 넓히라는 충고일 수도 있다.

들판의 의미는 꿈에서 들판을 볼 때 느껴지는 감정으로 알 수 있다. 당신은 가장자리에 서 있었나 아니면 중앙에 서 있었나? 끄트머리에 있었다면 스스로에게 물어보라. 나는 가능성의 경계에 서 있나? 만일 풀이 웃자란 들판을 걸어가고 있었다면 스스로에게 물어보라. 내 삶에서 깨끗하게 베어버려야 하는 것은 무엇인가? 어쩌면 당신은 이미 무한한 가능성이 가득한 삶의 방식에 한 발 내디뎠고, 꿈을 통해 그것이 맞음을 확인받고 있는 것일 수 있다.

현대에는 운동장, 공원, 식물 정원, 골프 코스 등이 들판이라는 꿈풍경을 대체하는 경우가 많다.

4번: 집 ― 사랑이라는 감정, 경계, 원초적인 안전

꿈에 나오는 집은 개인적 의미가 무척 많이 담긴 집단 상징의 또 다른 예다. 심리학적 측면에서 꿈에 나온 집은 꿈꾼 사람의 정신 상태를 상징한다. 동시에 꿈꾼 사람의 육체적 건강 상태를 나타내기도 한다(탈것이 그러하듯이). 그렇긴 하지만 모든 집(house)이 홈home인 것은 아니다.

우리가 '홈'이라고 부르는 장소는 단순한 물리적 안정감과 안전함을 넘어 훨씬 더 많은 가치를 담고 있는 곳이다. 홈은 사랑, 연결감, 따뜻함으로 꽉 찬 곳이다. 돌봄과 편안함 그리고 안전으로 가득한 곳이다. 그리고 신성한 공간이다. 외부의 세력으로부터 나를 보호해주는, 세상에서 오롯이 내 것인 공간이다. 홈의 '네 벽'은 나와 외부세계 사이에 확실하게 그어진 경계를 표상한다.

꿈을 꿀 때 우리는 기억을 재창조한다. 과거와 관련해서뿐 아니라 현재 자신이 처해 있는 상황에 도움이 되는 방식으로도. 만일 당신이 힘든 경험에 대한 기억이 많은 집에서 성장했다면 삶에서 얽매인 바 없이 앞으로 나아가기 위해서는 내면의 집(정신)을 잘 돌봐야할 것이다.

당신은 새 경험을 수용하는 법을 배울 수 있고, 이 책에서 내내 확인했겠지만 꿈은 당신이 그 여정을 잘 걸어갈 수 있게 당신을 이끌어줄 것이다. 당신의 정신은 사랑과 안전, 최선의 존재 상태를 경험할 수 있는 내면의 성소가 될 수 있고, 일단 그런 가치들을 경험한 뒤에는 관계로까지 적용시킬 수 있다.

만일 호텔이나 모텔 같은 임시 집이 꿈에 나왔다면, 스스로에게 물어보라. 내가 사람이나 장소 혹은 물건을 임시 피난처로 삼고 있나? 나는 그것에 대해 어떻게 느끼고 있지? 당신이 꿈풍경에 대해 보이는 감정적 반응은 깨어 있는 삶에서 당신이 내리는 선택이 당신에게 도움이 될지 오히려 방해가 될지에 대해 귀중한 통찰을 제시한다.

물론 당신이 호텔을 무척 친근하게 생각하고 좋아하는데 그런 꿈을 꾼 것이라면 그 꿈은 정처 없는 느낌을 암시하는 메시지가 아니라 편안함과 휴식, 심지어 풍요로움을 뜻하는 메시지일 가능성이 크다.

다시 한 번 말하지만 집단 상징에 대해 당신만이 갖고 있는 개인적인 연상은 꿈 메시지의 의미에 영향을 끼친다. 넓은 의미에서 집은 꿈꾸는 사람의 감정과 신념, 경험이 담긴 장소를 상징한다. 집은 근본적이거나 기초적인 사안을 의미하며, 꿈꾸는 사람이 그런 문제를 어떻게 다루고 있는지를 가령 집의 외양 등을 통해 고스란히 확인할 수 있다. 집은 난장판인가, 잘 정리되어 있는가, 아니면 믿을 수 없을 만큼 사치스러운가?

병원, 도서관, 쇼핑몰, 학교, 교회는 다른 유형의 '집'이다. 병원은 치유의 집이고, 도서관은 지식의 저장소다. 학교는 배움이 이루어지는 집이다. 쇼핑몰은 구매하는 집이고 교회는 예배 보는 집이다. 다시 한 번 말하지만, 주관식 형태의 자기성찰적 질문을 던지면 꿈에서 자신이 하고 있던 일, 그리고 그 과정에서 자신이 어떻게 느꼈는지를 탐색할 수 있기 때문에 꿈의 메시지를 더 깊게 파악할 수 있다.

이렇게 물어보라. 이 장소는 나에게 무엇을 가르쳐주는가? 이 장소는 내가 알고 있고 실제로 경험했던 곳과 어떻게 다른가? 또는 이렇게 질문할 수도 있겠다. 이 꿈풍경은 내가 알고 있는 곳과 얼마나 유사한가? 가장 중요한 것은, 새 꿈풍경이 새로운 경험을 하게 해주었나? 가령 마법에 걸린 성에서 사는 걸 맛보았나? 만일 그렇다면,

그때의 느낌을 깨어 있는 삶에서 경험하려면 또는 그러한 느낌을 초대하려면 무슨 행동을 하면 될까?

집과 유사한 꿈 상징으로는 사원, 성, 호텔, 민박, 모텔 등이 있다.

5번: 물 — 감정, 무의식, 혼, 그리고 초자연적 문제

물줄기가 끊긴 채 외따로 떨어진 물웅덩이를 본 적이 있는가? 그곳의 물은 정체되어 말 그대로 썩기 시작한다. 물이 신선함을 유지하려면 계속해서 움직이고 흘러야 한다. 감정 역시 마찬가지다. 만일 느껴지는 것을 막아버리거나 표면 아래에서 곪게 놔두면, 감정은 부패한다. 이럴 때 꿈은 감정이 다시 흐르게 만들어서 당신이 깨어 있는 삶에서 하는 경험을 상쇄하려고 한다.

당신은 주전자 물이 끓어 넘치는 꿈(감정적 분노)을 꾸거나 간헐천이 터지는 꿈(울어야 할 필요성)을 꿀 것이다. 격류(불안정한 감정 또는 당신을 벅차게 만드는 사람들)에 가라앉거나 샤워실에 초대하지 않은 손님들이 들어오는 꿈(마음을 불편하게 하는 취약성)을 꿀 것이다. 꿈은 당신의 내적 삶이 다시 흐를 수 있도록 무슨 짓이라도 불사할 것이다!

물은 본질적으로 우리의 생명력을 의미한다. 물은 우리에게 영양분을 공급하고 살아 있게 한다. 꿈에서 비가 내려 당신이 현재 처한 상황을 깨끗하게 정화해줄 수 있다. 돌고래와 함께 순도 100퍼센트의 즐거움 속에서 수영하고 있는 자신을 발견할 수도 있고, 온몸이 다 노곤해지는 목욕을 할 수도 있다. 꿈속 인물이 환희와 건강을 가져다주는 묘약을 줄 수도 있다. 언제나 물은 당신 안에 있는 근원의 무언가를 일깨운다. 이것은 삶의 흐름에 몸을 맡기고 모든 감정의 영역을 굽이치며 따라가는 능력이 당신에게 내재되어 있음을 확인시켜주는 상징이다.

물은 우리의 감정만이 아닌, 훨씬 더 많은 것을 상징한다. 창조와 파괴라는 주제를 표상한다. 오아시스나 쓰나미만 생각해봐도 물이 가진 힘이 얼마나 강력한지를 알 수 있을 것이다.

물은 무엇이든 수용하는 성배로서 유동적인 여성성을 뜻하기도 한다. 물은 주변 상황에 따라 세 가지 다른 형태로 변한다. 수증기가 될 수도, 얼음이 될 수도, 흐를 수도 있다. 꿈에서 당신은 이 세 가지 상태 모두와 교류할 것이다. 이 상태가 깨어 있는 삶에서의 행동이나 감정과 얼마나 비슷한지 잘 살펴보라.

물에 해당하는 꿈 상징으로는 비, 수영장, 호수, 댐, 자쿠지, 폭포, 대양, 바다, 깊은 우물 등이 있다.

꿈풍경 돌아다니기

깨어 있는 삶에서는 가고 싶은 곳에 가려면 대개 어떤 식으로든 교통수단을 이용해야 한다. 하지만 꿈에서는 한 장면에서 다른 장면으로 순식간에 이동한다. 꿈에서 자신이 어딘가에 갑자기 나타났다는 게 인지되면, 그 인지를 계기로 자신이 꿈을 꾸고 있음을 자각할 수 있다. 대부분의 경우 한 번 꿈을 꿀 때 여러 장소가 등장하므로 이것이 꿈임을 자각할 수 있는 기회는 여러 번인 셈이다! 어떤 종류의 꿈을 꾸든, 자신이 장소에 도착하는 방식은 개인의 성장과 관련 있는 부분이기 때문에 이를 알아차리는 게 도움이 많이 된다. 그것은 삶의 다양한 요소들 사이에서 변화를 보다 우아하게 겪는 법을 알려준다.

꿈일기를 앞에서부터 훑어보며 자신이 어딘가에 홀연히 나타난 게 몇 번이나 되는지 살펴보라. 한 꿈풍경에서 다른 꿈풍경으로 넘어갈 때의 접점이 주제적으로 반복되는지 보라. 이 접점은 개인마다 무척 다르기 때문에 온전히 당신에게게만 의미가 있는 부분이다, 가령 당신이 특정한 감정을 느낄 때만 혹은 특정 유형의 인물이 등장할 때만 꿈 장면이 달라지는가? 아니면 집에 있다가 언제나 그다음으로 해변에 있는 장면이 이어지는가?

꿈풍경이 바뀌는 접점들은 전체적인 그림 안에서 봐야 통찰을 얻을 수 있다. 나는 이러한 꿈 경험이 큰 틀 내에서 따로따로 진행되다가 마지막 결론 부분에서 하나로 통합되는 이야기나 영화를 보는 것 같다고 생각한다. 챕터 하나하나가 모여 더 거대한 여정을 그리는 하나의 이야기 혹은 혼을 완성하는 것이다. 꿈풍경의 접점은 큰 그림 안에서 그 모든 게 어떻게 하나로 연결되는가를 보여준다.

꿈에서 당신이 장소까지 어떻게 가는지를 인지하는 것 역시 도움이 되는데, 실제 이동 방법이 상징하는 바가 많기 때문이다. 당신은 걸을 수도, 차를 운전할 수도, 지하철이나 배나 기차나 택시를 타고 갈 수도 있다. 이 모든 건 각자 특유의 차이점은 있지만 이동이라는 집단 이미지를 중심축으로 한 교통수단의 형태다.

꿈에서 무엇을 탔고 그 안에서 얼마나 편안함을 느꼈는지를 살펴보길 바란다. 그것은 근사했나, 초현대적이었나, 구식이었나, 일반적이었나, 고장이 났나? 대중 교통수단이었고 그 안에는 당신 말고 다른 사람들도 있었나? 단독 이동수단은 당신이 홀로 떠난 여정을 의미한다. 집단 이동수단은 커뮤니티 내에서 당신이 점유하는 위치 또는 그룹이나 당신 주변 사람들에 대한 당신의 느낌을 나타낼 수 있다.

이때는 상식 역시 도움이 된다. 가령 당신이 언제나 지하철을 타는데 꿈에 지하철이 나타나기 시작했다면, 이것은 당신의 평범한 일상을 가리키는 것일 수 있다. 무엇이 맞는 것 같은지는 본인이 판단하라. 내 가이드라인은 말 그대로 가이드라인일 뿐 절대적인 게 아니다!

기차는 대단히 많은 것을 암시하는 꿈 상징이다. 기차는 트랙을 따라서 이동하고, 한 방향으로 움직인다. (이 말이 당신이나 당신의 신념 아니면 당신의 삶처럼 들리지 않는가?) 지하로 갈 수도, 땅 위를 달릴 수도, 터널을 지날 수도, 검문소를 통과할 수도 있다. 기차에는 승객의 안전을 지켜주는 안내원이 있다. 기관사는 가는 길을 조종한다. 그리고 오래된 기차가 내뿜는 증기는 꿈꾸는 사람에게 긴장이나 분노를 표출하라는 대단히 직접적인 메시지다.

반면 물 위를 가로지르는 배는 당신이 내면에서 벌어지고 있는 감정적 사태의 표면을 이동하고 있음을 의미한다. 물은 일렁이는가,

거친가, 아니면 잔잔한 파란색인가? 즉, 당신이 '진짜로' 느끼는 감정은 무엇인가? 삶의 선장이 되어야 한다는 취지의 내 꿈과 마찬가지로 당신 역시 본인이 삶의 결정을 내리는가, 아니면 다른 사람이 조종키를 잡게 놔두거나 그래주기를 바라는가? 당신은 제멋대로인 본능과 신념의 영향하에 놓여 있는가?

교통수단은 우리가 자신에게 벌어진 상황에 어떻게 적응하는지 보여주고, 그 결과 깨어 있는 삶에서 어떤 행동에 나서는 게 가장 좋은지를 알려준다. 당신이 움직이는 방향이 위인지 아래인지(상승인지 하강인지), 여정의 동선이 나선형인지(순환적 패턴 또는 주기), 중간 어디즈음에 막혀서 나가지를 못하고 있는지 살펴보길 바란다.

교통수단과 그것의 움직임은 당신이 삶이라는 이 감정적이고 영적인 여정을 어떻게 헤쳐 나가는지 단적으로 보여준다. 그리고 기억하라. 탈것을 타고 이동할 때 재미가 없다면 그 망할 놈의 버스에서 내려 다른 도로로 가면 된다!

연습 1번: 기분 전환을 위한 특정한 꿈 장소 상상하기

당신은 사원이다. 당신은 집이다. 당신은 동굴이다. 당신은 산이다. 당신은 이 모든 장소로 얼마든지 돌아와 자신의 본질의 일면을 발견할 수 있다. 당신은 유년 시절의 장소들을 돌아다니다가 영감을 자극하고 자신의 영적 위대함을 구현할 수 있는 새로운 꿈의 장소를 발견한다.

깨어 있을 때 특정한 꿈풍경에 대해 명상을 하면 좋은 기분을 되찾는 데 도움이 될 수 있다. 가령 피곤하고 고갈된 듯한 느낌에 시달리고 있다면 활력이 느껴지는 꿈풍경에 대해 명상해보는 것이다. 당신은 폭포 안으로 들어가 떨어지는 물을 그대로 맞으면서 오감이 진정되는 모습을 상상해볼 수 있다. 혹은 아름다운 초원 위에 누워 산들산들 불어오는 바람을 느끼는 장면일 수도 있다.

이 연습의 골자는 경험을 아주 생생하게 구현하는 것이다. 내면의 장면을 분석하거나 해석하려 들지 말라. 장면의 흐름에 온몸을 맡기라. 내 경험상 워크숍 참여자의 대부분이 이 연습을 하며 특히나 마음이 편해졌고 많은 것을 깨달았다. 상상력을 그저 풀어주기만 한다면 그것은 당신을 훌륭하게 안내할 수 있고 그렇게 할 것이다. 이 연습을 할수록 자기 내면의 장면을 사용하는 게 점점 쉬워질 것이다. 여기서 요령은 과정에 온전히 몰입하고, 지적인 생각 또는 에고 중심적이거나 판단하고 분별하는 생각으로 집중을 흐리지 않는 것이다.

연습 2번: 자신의 꿈풍경으로 꿈꾸기

당신은 꿈 메시지를 해독한 것만으로도 꿈풍경에 대한 작업을 충분히 했다고 생각할 수 있다. 하지만 본인의 내면의 세계를 보다 심층적으로 들여다보고 싶다면 더 큰 통찰을 얻을 수 있는 다음의 연습을 해보길 바란다. 루시드 드리머라면 이 연습을 꿈에서 할 수도 있다. 방법은 동일하다.

몇 번 심호흡을 깊게 하면서 마음의 중심을 잡는다. 그다음 눈을 감고 꿈풍경을 머릿속에 그린다. 자연스럽게 떠오르는 광경이 마음속에 펼쳐지는 모습을 그대로 지켜본다. 상상이 진행되는 과정을 바꾸려고 하지 말라. 할 수 있다면 이성적인 생각은 잠시 중지한 채 떠오르는 이미지를 그저 관찰하기 바란다.

이 과정은 보통 매우 빠르게 진행된다(30초에서 3분 사이). 모두 끝나면 눈을 뜨고 몸을 스트레칭한다. 그런 다음 준비가 되면 머릿속에 떠오른 첫 번째 이미지를 다시 불러온다. 이것이 당신이 제일 먼저 작업해야 할 이미지다. 당신이 알아야 할 것을 보여주는 가장 정확하고 의미가 깊은 이미지로서 내면 깊은 곳에서부터 올라온 것인 경우가 많다. 그런 뒤 ABC 해석 방법을 활용해 그 메시지를 찾으면 된다.

연습 3번: 일반몽을 상상으로 재구성하기

이 연습의 목적은 감정적으로 불협화음을 일으키는 것처럼 보이는 꿈의 모든 요소를 통합하여 새롭고 더 확장된 삶의 비전으로 만드는 것이다. 이 연습을 시작하기 전에, 반복되는 꿈 주제 중 작업하고 싶은 것을 '하나' 선택한다. 본인의 미래 목표나 감정적 건강과 관련된 꿈 주제를 의도적으로 선택해도 되고, 그 순간의 느낌에 따라 즉흥적으로 주제를 선택해도 좋다. 이 연습은 방해받지 않을 시간과 장소에서 해야 한다.

준비가 되면 편안한 자세로 앉거나 누워서 심상화를 시작한다.

마음의 눈으로 꿈 주제가 매우 확연하게 드러나는 시나리오를 상상하라. 실제 꾸었던 꿈을 그대로 재연해도 되고 완전히 다르게 재창조해도 된다. 이 연습에서는 꿈 주제만 충실하게 지키면 된다.

꿈 주제를 상상하면서 할 수 있는 한 생생하게 경험해보라. 꿈 주제가 현실인 것마냥 진짜같이 느껴진다면 그때 긍정적이고 멋진 엔딩을 상상하면서 심상을 적극적으로 바꾸기 시작한다. 장면은 원하는 대로 현실적으로 만들어도 되고 환상적인 것으로 만들어도 된다. 여기서 핵심은 이미지가 유기적으로 떠오르게 내버려두되 본인이 선택한 방향으로 전개되도록 그 흐름을 조정하는 것이다.

가령 어딘가에 갇혀 있는 게 당신이 반복적으로 꾸는 꿈이거나 꿈 주제라면 갇혀 있는 시나리오를 상상한다. 그때 느껴지는 불편함을 그대로 느껴본 뒤 꿈의 장면 전체를 반전시킬 최상의 시나리오를 심상화한다. 가령 당신이 현재 자기 집 지하실의 좁디좁은 공간에 갇혀 폐소공포증이 올 것 같고 불안해서 미칠 것 같은 상황을 상상하고 있다고 해보자. 그렇게 어쩔 줄 몰라 하던 와중 불현듯 자신에게 주머니칼이 있다는 사실을 기억해낸다! 당신은 그 칼로 문을 따고 결국 문이 찰칵하고 열린다. 당신은 온 힘을 다해 문을 쾅 열어젖히고 나와 해방된다!

그런 뒤 당신은 계단을 걸어 올라와 집에서 탈출한다. 밖으로 나오며 신선한 공기를 가득 들이마시고 얼굴에 떨어지는 햇빛을 그대로 느낀다. 눈앞에 장미꽃이 만발한 탁 트인 들판이 보인다. 그 장미들 속으로 걸어 들어가 꽃 본연의 아름다움에 파묻히자 몸에 미열처럼 남아 있던 압박감이 씻긴 듯 사라진다. 그러자 머리를 훤히 밝히는 영감 하나가 떠오른다. 이 집을 사서 공간 전체를 리모델링하는 것이다. 특히 자신이 갇혀 있던 그 방을!

당신이 보는 앞에서 집이 허물어지고 그 자리에 아름다운 일본식 집 한 채가 나타난다. 원래 작았던 집의 모든 공간들(벽장, 팬트리, 지하실)을 살펴보는데 그곳이 이제는 선(禪)의 본질이 물씬 느껴지는, 빛이 환하게 들이치는 널찍한 방들이 되었음을 깨닫는다. 너무도 행복하다! 한 치의 의심도 없이 당신은 이제 이 집에 절대로 갇힐 일이 없다는 사실을 안다. 당신의 마음에 딱 맞게 설계된 곳이기 때문이다. 당신은 상황이 결국 자신에게 너무 좋은 방향으로 귀결되었음에 신명이 난다!

이 연습의 목적은 상상력을 활용해 깨어 있는 삶에서 꿈을 수리하는 것이다. 낮 동안의 상상력은 자신의 무의식적 과정, 감정, 정신적 직감에 큰 영향을 끼친다. 이 연습은 내면의 과정이 더 나은 방향으로 나아갈 수 있게 외부에서 힘을 가하는 것이다. 그렇게 당신의 심리적 풍경이 바뀌면 반복되는 꿈 주제 역시 달라질 가능성이 커진다.

6장

꿈속 인물에게 마음 열기

삶이나 꿈에서 마음의 모든 문이 마침내 활짝 열려 신선한 공기가 들어온 듯한 순간을 겪어 본 적이 있는가? '머릿속이 환해지는 영감 한 자락'이 휙 하고 당신을 통과해 지나간다. 이 짜릿한 느낌은 자기 내면의 존재 또는 참자기와 하나된 순간 느껴지는 것이다. 영성 자기 계발 분야에서는 이것을 최고의 참자기(the Highest Self), 내면의 존재(the Inner Being), 내면의 신성(the divinity within), 또는 신의 불꽃(the spark of God)과 연결되었다고 표현하기도 한다. 당신이 최고의 참자기와 접속하게 되면 생생하게 살아 있는 것 같고, 의욕이 넘치며, 마음이 편안하다. 이 모든 게 동시에 경험된다.

최고의 참자기와의 이러한 연결은 종교철학 스승이나 꿈 스승들이 의지와 해석 그리고 의도를 긍정적이고 옳은 방향으로 사용하라고 언제나 가르치는 이유이기도 하다. 즉, 그들은 꿈 이야기(그리고 깨어 있는 삶의 내러티브)를 내면의 신성, 바로 그 불꽃이 전달하는 혼의 가이드에 따라 자비롭고 건강하게, 넓은 시선으로 바라보라고 가르친다. 에고의 욕망이라는 작은 렌즈는 상황을 전체하며 과장하거나, 왜소하게 축소하거나 둘 중 하나인 경우가 많다.

우리 인간은 특정 사고방식, 문제, 또는 유효기간이 다 끝난 관계에 갇혀 꼼짝 못하는 경향이 있다. 생각하고 느끼는 방식이 한 가지로 고정돼버리는 건 너무 쉬운 일이다. 특히 자기 자신과 주변 세상에 대해서는 더욱 그렇다. 제한적이고 편향된 렌즈에 매몰되어 삶을 바라보는 것이다. 그래서 꿈은 스토리와 그 안에 등장하는 인물들을 동원해 우리가 혼의 시각을 다시금 일깨울 수 있게 해준다.

꿈 인물들의 정체가 무엇이냐에 대해서는 대략 세 가지 학파로 주장이 나뉜다. 하나씩 살펴보자.

1. 꿈속 인물은 당신의 마음과 심리가 투영된 것으로서 모두 당신 정신의 여러 측면들을 나타낸다. 여기에는 무의식적인 충동, 신념, 감정, 욕구의 표상이라 할 수 있는 그림자 인물이 포함된다. 이것들은 악몽의 주재료들이다!

2. 모든 꿈 인물은 상상의 파편에 지나지 않는다.

3. 꿈 인물은 비물질적 정수의 일부로서 독자적으로 지각할 수 있다.

나는 첫 번째와 세 번째 학파의 생각을 기반으로 꿈작업을 한다. 나는 꿈 인물이 그저 상상으로 만들어낸 형상이라는 데 동의하지 않는다. 내가 직접 체험한 자각몽의 경험 때문이기도 하고, 보통몽을 통해 얻은 통찰이 내 상상의 부산물이라고 하기에는 너무 심오했기 때문이다. 당신도 본인의 꿈 경험을 더 탐색해 나가다 보면 자기만의 입장을 정하게 될 것이다.

당신이 꿈에서 만나는 인물들은 당신 본인, 당신의 이야기, 그리고 당신이 일상생활에서 겪고 있는 경험들의 면면에 대해 말해줄 때가 많다. 가령 고집스럽거나 고압적인 인물이 나오는 꿈은 당신이 깨어 있는 삶에서 고수하고 있는 일련의 신념 또는 그에 상응하는 행동을 부각시키는 것일 수 있다. 꿈해석을 할 때는 여러 면에서 이런 심리적이고 직관적인 통찰 작업이 이루어진다. 당신은 꿈을 '전체적으로' 보면서(꿈 장소, 상징, 인물, 행동) 꿈의 모든 부분이 어떻게 하나의 합으로서 상호작용하며 자신에게 가이드를 전달해주는지 살펴야한다.

매일 밤 자신의 영적인 본질과 재연결되면 우리는 우리를 좋은 방향으로 이끌어주는 인물이나 사랑하는 사람들 역시 꿈에서 만날수 있다. 아니면 스트레스 또는 위기의 시기에 우리를 지지해주고 편안하게 해주고 평온하게 해주는 영적 가이드를 만나기도 한다. 이런 종류의 꿈 인물은 우리에게 감정적으로 힘을 준다는 점에서 다른 인물들과 차별화된다.

하지만 꿈 인물이 신비로운 속성의 존재인지, 아니면 그저 자신의 마음과 심리의 투사물에 불과한지 어떻게 알 수 있을까?

만일 자각몽을 꿀 수 있는 사람이라면 해당 꿈 인물들에게 그들의 정체를 확인할 수 있는 정보를 좀 달라고 직접 요청할 수도 있다. 내 경험도 그러하고 많은 다른 사람들도 이구동성으로 말하는 것은, 이런 인물을 만나고 나면 느낌적으로 '아, 이게 진실이고 진짜구나'라는 깨달음이 깊은 내면에서부터 올라온다는 점이다. 일반몽이든 자각몽이든 종류와는 상관없이 자신을 흔드는 느낌은 동일하다. 이러한 꿈 경험 뒤에는 보통 깨어 있는 삶에서 (언제나 그런 것은 아니지만) 일종의 동시성이나 '증거'를 경험하게 되기도 한다.

내 엄마의 경우가 정확히 이에 해당하는데, 엄마는 30대 때 중요한 꿈을 꾸었다. 그 당시 깨어 있는 삶에서 엄마는 이미 결혼한 지 5, 6년차가 되어가던 시점이었다.

꿈에서 엄마는 탁 트인 들판에 서 있었다. 그리고 꿈에서 보통 그러하듯, 특별한 목적지를 염두에 두지 않은 채 앞에 있던 언덕을 오르기 올라가기 시작했다. 그렇게 언덕 위를 올라가 맨 꼭대기에 도달했을 때 그녀는 난데없이 웨딩드레스를 입고 있는 자신을 발견했다. 저 멀리 아버지가 서 있는 걸 보았을 때 고요함과 평화가 그녀의 전신을 휩쓸고 지나갔다. 두 사람은 서로를 향해 손을 흔들었다. 몇 분 후 엄마는 꿈에서 깼다.

그리고 몇 주 후 외할아버지가 갑작스레 돌아가셨다.

엄마의 꿈은 상징이 풍부했고 예언적인 면이 강했다. 꿈에서 엄마는 탁 트인 들판(가능성의 장소)에 서 있었고 언덕이 보였다. 여기서 언덕은 산과 마찬가지로 영적인 힘과 더 높은 전망을 상징한다. 꿈에서 엄마는 언덕 쪽으로 가서 오르기 시작한다. (여기서 다시 한 번 상승의 주제가 나오는 게 보이는가?)

언덕 꼭대기에 다다르자 엄마는 자신이 웨딩드레스를 입고 있다는 걸 깨닫는다. 웨딩드레스는 결합의 상징이자 삶의 순환과 입문의 단계를 알리는 표식이다. 그것은 결합, 즉 결혼의 속성이 영적인 것임을 보여준다. (우리는 이것을 웨딩드레스와 언덕 꼭대기라는 두 상징 간의 상호작용을 통해 알 수 있다.)

엄마는 자신의 아버지를 보며 고요함을 느낀다(깨어 있는 삶에서 두 분이 나누었던 사랑 넘치는 관계를 고스란히 반영하는 편안한 꿈 경험이기도 하다). 아버지는 결혼식에서 신부를 넘겨주는 역할을 하는데, 나는 이 꿈에서 엄마가 자신의 아버지를 혼에 '넘겨주는' 혹은 '돌려주는' 역할을 했다는 생각에서 벗어날 수가 없다. 두 사람은 서로를 향해 손을 흔들었다.

잠에서 깬 엄마는 이 꿈이 중요하다는 느낌을 떨쳐내지 못했다. 외할아버지의 죽음 이후 몇 주 동안 엄마는 이 꿈 덕분에 많이 편안해하셨다. 외할아버지가 돌아가시기 전에 마지막 작별 인사를 하지 못했기 때문에 특히 더 그랬다. 이 꿈은 외할아버지의 갑작스러운 죽음 이후 몇 달간 애도의 기간을 보내야 했던 엄마에게 꼭 필요한 일종의 끝맺음 역할을 했다.

우리가 꾸는 모든 꿈이 예언적인 성격을 띠고 있지는 않지만, 예언적인 꿈에는 어느 정도의 감정적 끌림이 존재한다. 내 친구가 꾼 꿈이 이 부분을 잘 보여준다.

꿈에서 친구는 다시 고등학생이 되어 있었다. 선생님이 칠판에 뭔가를 썼는데 친구 눈에는 그게 잘 보이지 않았다. 선생님은 그걸 알아채고는 친구에게 '비타민 B_{12}'를 공책에 적으라고 말했다. 친구는 꿈에서 깼고 그 꿈을 기억해냈다.

깨어 있는 삶에서 당시 내 친구는 너무나 큰 피로를 느끼고 있던 참이었다. 이 꿈을 계기로 그녀는 행동에 나서서 자신의 비타민 B_{12} 수치를 체크해보았다. 실제로 그녀는 비타민 B_{12}가 결핍되어 있었고 이것이 심각한 피로감의 원인이었다.

내가 그 친구에게 어떤 마음으로 꿈 메시지를 행동으로 옮긴 거냐고 묻자, 그녀는 꿈에 나온 선생님이 고등학교 재학 당시 진짜 존경하고 감사해하던 분이었다고 말했다. 그 선생님은 당시 내 친구가 일상에서 겪고 있던 학교 문제를 정말 최선을 다해서 도와주셨다. 친구는 만일 선생님이 지금 자신에게 무언가 할 말이 있다면 그것은 분명 중요한 것일 테니 자기는 그 말을 꼭 들어야 한다고 생각했단다!

여기 나오는 꿈 인물, 즉 친구가 존경하는 선생님은 그 친구 정신의 일부분으로서 그녀가 알아듣고 귀 기울일 법한 상징으로 그녀의 건강 불균형에 대해 알려주었다고 할 수 있겠다. 당신도 알다시피 이 꿈은 그녀의 깨어 있는 삶에 대단히 유익하다는 게 증명되었다. 그녀가 더욱 건강해지고 활기를 되찾는 데 큰 도움이 되었기 때문이다.

모든 꿈 인물이 보이는 행동에는 꿈 메시지의 일부가 담겨 있다. 만일 정말 사랑하는 사람이 꿈에 나타난다면 그 사람이 한 일, 당신에게 보여준 것, 말한 것에 주의를 기울이라. 깨어 있는 삶에서 당신이 그를 어떻게 생각하고 있는지 살펴본 뒤, 그 인상을 꿈과 연결시키라. 만일 그 사람이 꿈에서 당신에게 소리를 질렀다고 해보자. 그런데 이 행동은 그의 평소 모습과는 완전히 다르다. 그렇다면 그가 어떤 상황이 되면 그렇게 소리를 지를 것인지를 스스로에게 물어보라.

꿈에 나오는 모든 단서에 주의를 기울이길 바란다. 그가 당신에게 소리 지르는 것은 당신이 깨어 있는 삶에서 위험 신호를 계속 회피했기 때문일 수 있다. 혹은 당신이 어떻게 하면 분노를 발산할 수 있는지 알려주기 위해 고함을 치고 있을 수도 있다. 당신은 소리를 치고 비명을 질러야 한다고, 아니면 완전히 반대로 너무 소리를 지르고 있다고 알려주는 것이다. 그는 당신이 어려운 일에 부딪혀 자신을 의심하며 낙담에 빠졌을 때 가슴의 꿈을 포기하지 말고 계속하라고 고함을 치는 것일 수 있다. 당신이 끈기 있게 버텨 결국 승리할 수 있게 뒤에서 밀어주는 모든 단서는 꿈 안에 존재한다.

꿈 인물은 우리가 신뢰하는 사람의 모습을 하고 나타날 때가 많다. 그들과 맺고 있는 유대감이 그들의 말을 귀담아듣게 만든다. 그들이 전해주려고 하는 메시지를 신뢰하게 된다. 꿈에 나오는 행위가 처음에는 이상하고 어딘가 모자라 보여도 꿈의 메시지는 결국 최상의 상태에 도달하는 법을 알려주고 있다.

꿈 인물이 그토록 큰 통찰을 줄 수 있다면, 나를 위협하거나 너무 무서운 인물은 어떤 의미일까?

까다로운 꿈 인물은 당신이 부정하는 당신의 일면 혹은 의식화하지 않은 정신의 면면을 대변하는 것일 수 있다. 당신의 인격적인 부분, 무의식적인 동기 요인, 과거의 경험, 심지어 당신이 결국에는 수용해야 할 곤란하거나 억눌러 놓은 감정들일 수 있다. 이에 해당하는 꿈 예시를 하나 들어보겠다.

꿈꾼 사람은 행사장에 와 있다. (무슨 행사인지는 모른다.) 주변이 분주한 가운데 그녀는 편한 마음으로 사람들 사이를 지나다닌다. 얼굴을 알거나 친분이 있는 많은 참석자들에게 목례로 인사를 한다. 좌석 맨 앞쪽으로 걸어간 그녀는 무대를 발견한다.

좋은 자리에 앉은 그녀는 기조연설자를 두근거리는 마음으로 기다린다. 하지만 기조연설자 대신 생각지도 않은 한 여성이 무대로 걸어 올라온다. 갑작스레 나타난 이 요란한 여성은 닭처럼 꼬꼬댁거리기 시작한다. 꿈꾼 사람은 이제 굴욕감마저 느낀다. 이 여성이 아는 사람이기 때문이다! 처음에 관중은 무대 위 여성을 보고 비웃었지만 여기서 꿈의 분위기가 갑자기 반전된다. 사람들이 무대에 있는 여성뿐 아니라 꿈꾼 사람을 향해서도 비웃는 것 아닌가! 몇 분 후 그녀는 잠에서 깼다.

편안하게 시작한 꿈이 수치스러운 기분을 안겨주며 끝났다. 꿈꾼 사람은 꿈에 나온 여성이 자신의 모습을 반영한다는 사실을 억지로라도 직면하게 되었다. 즉, 관중이 두 사람 모두를 향해 비웃을 만큼 자신이 그 여자와 너무 찰떡같이 연결되어 있다는 사실을 말이다. 그녀는 꿈에서 창피했고, 바보가 된 것 같았으며, 모멸감을 느꼈다.

깨어 있는 삶에서 여자는 말이 가차 없고 경솔하다는 비난을 종종 받았다. 실제로 이런 면 때문에 관계가 많이 깨졌다. 그녀는 언제나 잘못은 다른 사람들에게 있다고 생각했으나 사실 관계를 끝낸 사람은, 그것도 상처가 될 만큼 매섭게 끊어버린 건 그녀였다.

그녀는 사람들이 자신을 너무 냉담한 시선으로 본다고 느꼈다. (여기서 일반적인 모티프가 느껴지시는가?) 사실 표면적으로는 다른 사람들이 그녀를 비판하는 것처럼 보일 수도 있고, 어쩌면 실제로 그랬을 수도 있다. 하지만 꿈은 사람들이 겉으로 보이는 그런 행동은 일면에 불과하고, 무언가 더 깊은 차원에서 작용하는 힘이 있음을 말해주고 있다.

무대에 선 인물은 꿈꾼 사람의 행동이 의인화된 것이다. 닭처럼 꼬꼬댁 운 여성은 그녀가 인정하고 싶지 않은 자신의 모습이다.

우리가 이것을 아는 것은 꿈꾼 사람이 연설자를 개인적으로 알고 있고, 그 여자와 하나로 싸잡히는 걸 수치스러워했기 때문이다. (관중은 두 사람 '모두'를 비웃었다.) 그녀는 어떤 면에서는 자신이 그 여성과 비슷하다는 사실을 알고 있으면서도 인정하고 싶지 않아 하거나 그 여성과 같이 얽히는 것조차 싫어했다.

그래서 꿈은 그녀가 그 사실을 인정하든 말든, 사실상 그녀는 무대 위 여성처럼 행동하고 있음을 쪼아대며 보여주었다. 즉, 이 여성은 서로 간에 오가는 대화나 즐거움을 추구하지 못하고, 무대 중앙에서 주목을 받고 싶은 마음에 자신을 과장하고 쓸데없이 괜한 말을 하는 사람이었다고 할 수 있다.

그래서 꿈은 다소 무례하게 그녀를 일깨웠다. 하지만 기분은 나빠도 이 꿈은 도움이 되는 꿈이다. 꿈이 전해준 지혜 덕분에 그녀는 자기 자신과 타인 모두에게 보다 공감하는 태도를 기르기 시작했으며, 죄책감과 수치스러움의 영역에서 빠져나왔다. 사람들로부터 확인받고 받아들여지기를 갈구하는 대신, 외부의 인정이 필요 없는 그것 자체로 옳은 행동을 점점 더 많이 하기 시작했다. 그 결과 그녀는 사람들과 더 많은 친밀감을 더 자주 나눌 수 있게 되었고 주변 사람들로부터 진짜로 지지받는다는 느낌을 갖게 되었다.

꿈속 인물에게 너무 강한 반감이 느껴진다면 내면 깊숙이 들어가 자신이 그들과 어떤 식으로든 비슷한 면이 없는지 스스로에게 물어보길 바란다. 우리 모두에게는 사각지대가 있으므로 이것은 절대 부끄러워할 게 아니다! 이런 종류의 꿈 인물은 우리 마음의 후미진 곳에 숨어 있으나 행동에 끼치는 영향은 아주 지대한 요소들에 빛을 드리운다. 이렇게 숨어 있고, 그림자 같고, 보통은 마음을 불편하게 하는 인물은 무의식적인 동기나 뿌리 깊은 신념들을 나타낸다. 이 신넘들이 이런 모습으로 나타나는 건 당신이 이 신념들을 잘 다루어서 더 이상 '그들'이 당신을 통제하지 못하도록 막기 위해서다.

반면, 무섭거나 다정한 꿈 인물이 당신이 자초한 외부 상황 혹은 당신을 잠식하고 있는 감정을 반영하는 것이거나 그 상황에 대한 의견을 표명하는 경우도 있다. 그 예를 하나 살펴보자.

내 고객 한 명이 집 밖 도로에 서 있는 꿈을 꾸었다. 처음에 그녀는 별생각 없이 자기 집을 보고 있었다. 그런데 원래 꿈이란 게 그러하듯 그녀는 갑작스레 고개를 돌려 길 앞쪽을 보게 된다. 그녀는 짙은 색 망토를 두르고 베일로 얼굴을 가린 인물들 몇 명이 저 멀리서 위협적으로 서 있는 걸 본다. 처음에는 세 명이었다. 그런데 다시 보니 실제로는 다섯 명이었고 그 무서워 보이는 사람들은 이제 그녀를 향해 다가오기 시작한다.

이제 그녀는 패닉 상태에 빠져 집 열쇠를 더듬거리며 찾았다. (이 시점에서 그녀는 더 이상 집 근처에 서 있지 않다. 그녀는 멀리 떨어져 있다.) 바닥에 열쇠를 떨어트리는 바람에 열쇠를 주우려 쭈그리고 앉은 그녀는 위를 쳐다봤다가 그 일행 전체가 이제 자신을 빙 둘러싸고 있는 걸 보게 되었다. 바로 그 순간 그들은 자기네들을 그녀의 집에 데려가달라고 요구했다! 꿈에서 완전히 공포에 질려 있던 그녀는 잠에서 깼다.

다시 살펴보니 꿈의 의미가 이해가 되었다. 그녀는 깨어 있는 삶에서 자신이 소셜미디어에 지나치게 빠져 있다고 느끼던 참이었다. 실제로 그녀의 SNS 사용은 중독의 경계선상에 있었는데 그전까지는 딱히 이 사실을 인정하려 들지 않았다. 그녀는 소셜미디어에 빠져 헤어 나오지 못하고 있는 자신을 다음과 같이 묘사했다. "이건 마치 자동차 사고가 일어나고 있는 장면을 슬로 모션으로 보고 있는데, 보면서도 손 하나 까딱하지 못하고 있는 것과 같아요…." 그녀는 화면을 계속해서 스크롤하고 있으면 불안이 급격히 치솟는 것을 경험할 때가 많았다.

꿈에서 그녀는 집(안전한 장소) 밖에 서 있다. 집 바로 앞에 있는 도로다(많은 사람들이 지나다니는 공동구역=소셜미디어 앱). 여기서 집은 이중 의미를 지닌 상징이다. 첫째, 집은 그녀의 정신 상태를 나타낸다. 둘째, 소셜미디어 앱 내의 '집'(대부분의 소셜미디어 앱에는 '홈'페이지가 있다)을 가리킨다. 집을 꾸미듯이 우리도 공간을 꾸며 '게스트'들을 즐겁게 해주고 반대로 우리가 다른 사람들의 집에 초대받기도 한다.

그녀는 안전한 장소(집) 바깥에 나와 있다. 하지만 그녀가 서 있는 도로는 집 바로 앞에 있는 것이다(그래서 처음에는 안전하다고 느낀다). 처음에는 딱히 하는 일도 없고 별생각도 하지 않는다. 그냥 거기에 서 있다. (그녀가 애초에 소셜미디어에 접속할 때가 보통 이런 상황이다. 딱히 할 일이 없어 지루한데 그 지루함에서 벗어나고 싶어서.)

저 멀리 어두운 망토를 두른 인물 세 명이 무섭게 서 있다.

처음에는 "그렇게 나빠 보이지 않았다"고 그녀는 말한다. 그냥 멀리 서 있는 사람들일 뿐이다. (이 상황은 그녀가 깨어 있는 삶에서 자신의 직감을 얼마나 무시하고 있는가를 직시하게 해준다. 불안하고 무서운데도 뭔가 이상하다는 몸의 신호를 무시한다.) 또 꿈속 인물들은 망토에 베일을 쓰고 있는데, 이로 미루어 보아 그들은 그녀가 깨어 있는 삶에서 잘 알지 못하는 사람들을 상징할 가능성이 크다. 아니면 그녀가 보고 싶지 않아 하는 자기 모습들을 표상하는 것일 수 있다(그들은 그녀의 자각 안으로 들어오지 않은 채 '제 모습을 은폐하고 있다').

갑자기 그녀는 자신이 더 이상 집 바깥에 서 있는 게 아님을 알아차린다(심리적으로 안정감을 주는 경계를 생각지도 않게 넘어버렸다). 화면을 손 가는 대로 스크롤하다가 정신을 차려보니 시간은 20분이 지나 있고, 하던 일은 까마득히 잊은 채 불안하고 불편한 기분만 잔뜩인 이 상황을 아마 우리 대부분은 공감할 수 있을 것이다!

그녀는 집 열쇠를 찾아봐야겠다고 생각한다(이때 그녀는 안전한 곳으로 되돌아가고 싶다). 열쇠는 닫힌 곳을 열어준다는 의미에서 아주 강력한 꿈 상징이다. 단어의 의미 자체가 모든 걸 말해주고 있다. 열쇠라니! 이것은 정말 중요하니 특별히 주의를 기울여주길 바란다!

그녀는 열쇠를 찾았지만 떨어트린다. (상황에서 벗어나는 길을 찾았지만 잃어버린다.) 여기서 꿈은 그녀에게 행동을 바꿀 힘은 있으나 그걸 꾸준히 밀고 나가는 힘이 약하다는 점을 지적한다. 그녀의 의지력이 열쇠이지만 그것을 갈고 닦을 필요가 있다. 그녀는 의욕이 없다.

짙은 색의 베일을 두르고 있던 무리가 그녀에게 다가온다. 떨어진 열쇠를 주우려고 쪼그려 앉은 그녀는 그들을 본다. (자신을 방어하기 힘든 자세로 앉아 있지만 그래도 그녀에게는 힘이 어느 정도 있다. 열쇠를 찾았기 때문이다.) 그 사람들은 그녀에게 자기들을 집으로 데려간다면 그녀를 집 안으로 들여보내 주겠다고 말한다.

내 고객은 자기가 꿈에서 겁에 질리긴 했지만 그들이 그때 그곳에서 자신을 물리적으로 해치려 했던 것은 아니었다고 말했다. 정말 무서웠던 건 그 사람들이 '먼저' 자기 집으로 들어가고 싶어했던 부분이라고 했다. 실제로도 바로 그 생각이 그녀를 악몽에서 깨어나게 만들었다! 꿈을 이해하고 꿈에 담긴 지혜를 파악하고 난 뒤 그녀는 자신의 정신 건강과 안녕을 위해 소셜미디어를 보는 횟수와 시간을 조절했다.

당신도 그림자 같고, 어둡고, 베일에 싸여 있고, 무서워 보이고, 공격적인 인물이 꿈에 나오거든 스스로에게 이렇게 물어보라. 내가 이 사람과 비슷한 점이 있나? 이 인물이 내가 느끼는 감정을 대변하고 있나? 이 인물이 나의 남성적인 면 또는 여성적 면을 의미하고 있나? 이 꿈 인물들이 나를 못살게 구는 건 이와 똑같은 일이 벌어지고 있는 내 삶의 상황을 보여주기 위해선가?

결국 이런 질문을 던질 때 당신은 개인의 성장과 건강을 가져다줄 행동을 삶에서 선택할 수 있다. 불편하더라도 이렇게 거북한 내 모습과 감정들을 직면하면 우리는 더 깊은 의미에 눈뜨게 되고 그 안에서 개인의 성장을 꾀할 수 있다.

불분명하거나 까다로운 꿈의 면면들을 작업할 때 당신의 창조력을 활용하는 것 역시 방법이 될 수 있다. 즉, 창조력을 사용해 꿈 인물(또는 꿈 장면/상징)을 필요에 따라 다른 것으로 변신시키거나 아니면 더욱 확실하게 자각의 영역으로 끌어오는 것이다. 이 작업은 음악, 춤, 뜨개질, 도자기 만들기, 또는 본인과 잘 맞다고 생각하는 모든 예술 활동을 통해 할 수 있다. 하지만 이 방법이 통하지 않는 사람도 있을 것이다. 깊은 차원의 탐색에 여전히 목말라 있는 사람에게는 자각몽이 궁극의 변형과 개인의 성장을 향해 나아가는 훌륭한 길이 될 수 있다.

자신의 감정, 생각, 직감이 꿈에 어떤 영향을 끼치는지 이제 확실하게 알게 되었으니 자각몽에 대해 알아볼 준비가 되었다. 지금까지 배운 모든 것이 당신의 자각몽 풍경에 영향을 줄 수 있으므로 본인의 정신을 더 깊게 이해하는 건 능숙한 루시드 드리머가 되기 위한 필수 단계다.

7장

각성 상태와 수면 상태 사이의 경계 공간

나는 여러분과 함께 깨어 있는 상태와 잠든 상태의 경계로 여정을 떠나고 싶다. 그러니 잠시만 눈을 감고 이제 막 잠이 들려고 할 때의 상태에 대해 생각해보길 바란다. 완전히 잠에 빠지기 전에 정신이 들었다 나갔다 하며 졸린 상태 말이다. 그 순간에 사실 당신은 각성 의식과 수면 의식 사이의 경계 공간을 건너고 있는 중이다. 이 사이에 낀 의식 단계를 과학 용어로 입면 상태(hypnagogic state)라고 말한다.

입면 상태의 당신은 완전히 깨어 있는 것도 완전히 잠든 것도 아니다. 각성 상태와 수면 상태의 경계에 있다. 그리고 이렇게 상태가 변하면 당신이 인지하는 것도 변하기 시작한다. 입면(hypnagogic)이라는 단어 자체는 어원적으로 '잠으로 이어지다'라는 뜻이다. 입면은 우리가 경험하는 의식이 연속체임을 보여준다. '깨어 있을 때와 잠들어 있을 때 그리고 꿈꿀 때의 의식은 일종의 스펙트럼처럼 연결되어 있다.'

이 스펙트럼을 비유로 설명해보자.

당신이 방에 있다고 상상해보자. 이 방의 문을 열자 긴 복도가 보인다. 이 복도 끝에 또 다른 방으로 이어지는 문이 있다. 당신은 첫 번째 방을 떠나 복도를 걸어간 다음 문을 열고 두 번째 방으로 들어간다.

첫 번째 방이 당신의 깨어 있는 삶이다. 복도는 입면 상태다. 두 번째 방은 당신의 꿈속 삶이다.

만일 당신이 첫 번째 방에서 두 번째 방까지 주의를 집중하며 걸어갈 수 있다면, 당신은 의식적 자각을 한 상태로 깨어 있는 현실에서 꿈의 현실까지 간 것이다!

보통 샤먼들이 이 연습을 일종의 영적 의례(vision quest)로 실시하여 자각 상태에 들고 비국지적 의식(소위 영)을 경험해 물음에 대한 답을 얻는다. 나도 워크숍에서 참가자들에게 꼭 안내해주고 싶은 연습이기도 하다. 원한다면 이 과정을 오늘 밤에 해봐도 좋다.

다음번에 잠자리에 들면 잠이 들기 전에, 눈을 감았을 때 떠오르는 것에 주의를 기울여보길 바란다. 맨 처음에는 어둠만이 보일 테지만 이후 빛 알갱이들, 이런저런 모양을 한 파편들, 구불구불한 선 등이 움직이는 걸 알아차리고 깜짝 놀랄 수 있다.

소리가 들릴 수도 있다.

이런 이미지를 보거나 소리를 듣고 깜짝 놀라는 사람도 있을 수 있다. 특히 처음이라면 더욱 그럴 것이다. 그러나 이것들은 그저 당신이 입면 상태를 경험하고 있음을 알려주는 표식일 뿐이라는 사실을 기억하길 바란다. (만일 무섭거든 그냥 몸을 움직이고 눈을 뜨라. 중간에 그냥 일어나면 된다!)

어떤 것도 억지로 하려고 들지 말라. 어느 정도 무심하고 편안한 마음으로 눈앞에서 일어나는 일을 보려고 노력해보라. 이완된 상태로 이 단계에 들어가되 계속 자각을 유지할 수 있다면 곧 이 형상과 빛들이 이미지로 변하는 것을 보게 될 것이다.

이 이미지들은 보통 처음에는 정적이다. 마치 벽에 걸려 있는 사진을 보는 것 같다. 하지만 결국 그것은 3차원 풍경이 된다. 그 공간감은 우리가 깨어 있는 삶을 경험할 때와 정말 비슷하다. 이때 제일 중요한 것은 의식적 자각을 유지함으로써 깨어 있는 의식에서 꿈의식까지 각성한 상태에서 이동하는 것이다.

여기서 내가 강조하고 싶은 것은 이 경우 당신은 평소에 침대에 누워 잠에 빠질 때처럼 의식을 잃는 게 아니라는 점이다. 이 방법은 마치 잠으로, 그다음에는 (주의를 충분히 길게 유지할 수 있다면) 꿈으로까지 '걸어' 들어가는 것처럼 느껴진다.

입면 상태의 정적인 이미지는 처음에는 납작하고 생명력이 없어 보이지만 곧 당신과 동일한 공간을 점유하는 것 같은 생생하고 입체적인 형상으로 변한다. 지금 방에서 이 책을 읽고 있을 당신 주변에 있는 사람이나 가구처럼 말이다. 잠시 이 페이지에서 눈을 떼고 주위를 둘러보면 내가 무슨 말을 하는지 이해가 될 것이다!

그렇긴 하지만 나도 맨 처음 입면 상태를 경험했을 때는 진짜 내 세상이 흔들리는 것처럼 큰 충격이었다. 내 경험은 이랬다.

눈을 감았을 때 나는 암흑 외에는 아무것도 보이지 않았고, 보통 이 상태일 때 나타나는 구불구불한 선, 빛, 그리고 형상을 보기까지도 정말로 인내심을 가져야 했다. 나는 연습 끝까지 의식을 유지하지 못하고 잠에 빠지거나, 입면 상태일 때 떠오르는 형상에 지나치게 집중하느라 계속 각성 상태이거나 둘 중 하나였다. 정말 답답하기 그지없었다. 이 연습을 약 일주일간 하고 나서야 어느 정도 성공할 수 있었다.

그리고 어느 날 밤 나는 다시 연습을 해보기로 마음을 먹었는데, 이번에는 이 연습을 시작하기 전에 편안한 마음을 가지는 데 주력했다. 나는 삶이 물 흐르듯 흘렀던, 모든 일이 수월하고 멋지게 이루어졌던 때를 생각했다. 떠올리면 기분이 좋고 오래도록 기억하고 싶은 경험들을 떠올렸다. 그러자 쉽게 이완이 되면서 조용하고 편안한 상태에 들어갈 수 있었다. 나는 내 몸 전체와 마음을 푹 이완했다. 호흡 사이사이의 틈새에서 편안히 몸을 늘어뜨리자 점점 피곤함이 느껴지기 시작하자, 나는 다시 연습에 들어갔다.

눈을 감았다. 그러자 당연히 어둠이 찾아왔다. 나는 이완한 채 긴 흰색 형상이 모양을 갖춰가는 과정을 지켜보았다. 처음에는 구불구불한 선 같았던 게 타원형이 되었다. 나는 느슨해진 상태에서 그 이미지에 집중했다. 그러다 그냥 이대로 잠들고 싶다는 생각이 들었고 나는 심기일전하여 다시 한 번 주의를 집중했다. 단, 이번에는 이전 시도 때보다 자각할 때 들어가는 힘을 뺐다. (자신의 자각이 힘을 뺀 상태인지를 알 수 있는 좋은 방법은 얼굴 근육을 잘 살펴보는 것이다. 얼굴을 찡그리고 있나? 그렇다면 당신은 너무 열심히 노력하는 중이다. 힘을 풀라.)

길쭉한 흰색 형상은 모양이 천천히 바뀌더니 하나의 그림이 되었다. 나는 앙리 루소Henri Rousseau 전시에서 나올 법한 이 그림을 쳐다보았다. 그것은 원숭이와 푸른 잎사귀들이 시선을 사로잡는 아름다운 정글 이미지였다. 나는 원숭이들의 모습을 좀더 가까이 보려고 다가갔다. 그런데 갑자기 내가 그림을 보고 있지 않다는 걸 알아차렸다. '마치 내가 그림 안에 있는 것 같았다.' 조금 더 정확히 표현하자면, 그림이 사방으로 펼쳐지고 원숭이 한 마리가 바로 내 옆에 있는 것처럼 느껴졌다.

그건 내 어떤 경험하고 견주어도 뒤지지 않을 만큼 생생한 느낌이었다.

이 과정의 결과에 '놀랐다'라고 표현하는 건 당시 내 충격을 묘사하기에 한참 모자라다. 나는 화들짝 깨서 그 후로도 몇 시간 동안 다시 잠에 들 수가 없었다! (내 첫 번째 입면 이미지가 원숭이들이었다는 게 나로서는 정말 재미있었다. 원숭이처럼 날뛰는 내 마음의 직접적인 상징이자 노골적인 표상일 수도 있다!)

당시 나는 '의식 속으로 걸어 들어가는' 이 작업이 내게 오래도록 들러붙어 있던 일부 신념 체계에 어떤 영향을 미쳤는지 사실상

이해하지 못했다. 그 전에 여러 자각몽을 꾸었음에도 말이다!

그 이유는 첫 번째 입면 상태를 경험하기 전까지는 꿈을 자각하는 게 완전히 잠에 빠진 '이후'에야 가능했기 때문이다.

보통 머리가 베개에 닿으면 내 의식은 불이 꺼졌다! 즉, 꿈속 무언가가 자각을 유도하고 나서야 비로소 나는 내가 꿈을 꾸고 있다는 사실을 깨달았다. 이 책 첫머리에 소개한 꿈의 예처럼 말이다. 거기서 여자는 뜬금없이 웬 거리에 서 있는 자신을 발견했는데 어떻게 거기까지 오게 되었는지 전혀 기억하지를 못하고 있다가 자기성찰적인 질문을 던지고 나서야 이게 꿈임을 깨닫는다. '나는 여기에 어떻게 오게 된 거지? 여기 오기 전에 나는 어디에 있었던 거야?'

그러니 내가 깨어 있는 의식을 '걸어서' 입면 상태로 진입한 뒤 마침내(능동적인 자각 상태에서) 완전히 꿈속으로 들어간 것은 내 세상 전체를 뒤흔드는 사건이었다!

이유는 다음과 같다. 우리는 깨어 있는 삶과 꿈의 삶을 완벽히 분리된 것으로 생각한다. 적어도 나는 저 순간 직전까지는 그렇게 생각했다. 진짜 일들이 일어나는 곳은 깨어 있는 삶이고, 말도 안 되는 이 타자적인 사건이 벌어지는 건 꿈에서나 가능하다고 말이다. 게다가 다시 한 번 말하지만 자각몽을 꿀 때 나는 언제나 먼저 잠에 빠진 뒤 나중에야 자각을 했기 때문에 여기서 또 한 번, 두 세계는 분리된 것이라는 내 신념이 한층 더 공고해졌다.

하지만 두 세계 사이에 낀 입면 상태에서 의식을 유지할 수 있게 되면서 이 분리에 대한 내 신념은 산산조각이 났다. 아마도 모든 일이 벌어지는 곳은 깨어 있는 삶이고 그 삶이 나의 본질을 규정한다는 환상이 바로 그 순간부터 힘을 잃었던 것 같다. 지금의 나는 입면 상태를 훨씬 더 많이 경험했기 때문에 이것이 영적 수행으로서 얼마나 중요한지 안다. 만일 당신이 이 과정을 경험할 수 있게 된다면 꿈을 최대치로 이용할 수 있게 될 것이다. 그리고 꿈을 그렇게 활용할 수 있으면 지금보다 훨씬 쉽게 더 위대한 영적 가이드와 도움을 요청할 수 있게 된다. (그 방법은 뒷부분에서 자세하게 다룰 것이다.)

일반몽을 꿀 때(자각한 상태가 아닐 때) 대부분의 경우 당신은 꿈속에서 '나'라고 믿고 있는 사람이다. 당신은 꿈속의 나와 동일시한다. 그게 꿈이었음을 깨닫는 건, 잠에서 깨고 나서다. 꿈에서 우리 대부분은 깨어 있을 때의 나를 모른다. 우리는 그저 꿈속의 나다.

예를 들어보자. 당신은 꿈속에서 다른 인종, 성별, 민족의 사람이었던 적이 있는가? 당신은 자신이 바로 그 사람이라고 철석같이 믿고 있다가 잠에서 깨고 나서 그게 아니었음을 깨닫는다. 이런 종류의 꿈 수행을 하면 정체성에 대한 믿음이 180도 뒤바뀐다. 또한 우리 인간이 본질적으로는 하나임(oneness)을 깨닫는다.

깨어 있는 삶과 꿈속 삶은 사실 분리되어 있지 않다. 의식이 쪼개진 게 아니라, 의식을 바라보는 우리의 지각이 쪼개져 있다. 그리고 우리의 지각은 옳다고 주입받은 것, 우리의 느낌, 경험 등 다양한 요인에 의해 영향을 받는다.

이렇게 생각해보자. 어떤 차를 살까 고민을 하고 있는데 그때부터 사방에서 똑같은 차가 눈에 띈 적이 있었는가? 이것과 비슷하다. 당신의 지각은 일종의 레이저빔처럼 당신의 주의가 향한 곳을 정확하게 가리킨다. 왜냐하면 당신이 같은 것을 계속해서 알아차리도록 인지적으로 준비태세에 들어갔기 때문이다. '아무리 다른 정보(혹은 차가!)가 버젓이 옆에 있어도 소용없다.'

정체성도 이와 마찬가지다. 우리는 정체성의 꼬리표(인종/성별/계급 등)에 지나치게 매몰되어 우리가 사실은 물질성, 그리고 그 물질성에 따라오는 모든 특징을 넘어서는 훨씬 큰 존재라는 사실을 잊어버린다. 그리고 이런 점은 우리가 '현실'과 '꿈'이라고 이름 붙인 것에도 똑같이 적용된다.

깨어 있는 의식이 전부가 아니다. 꿈 의식이 전부가 아니다. 자각을 통해 세상을 지각할 수 있는 우리는 서로 다른 차원의 의식 사이에서 평화롭게 존재할 수 있다. 그리고 여기서의 자각은 물리적 시각이나 육체와는 궁극적으로 전혀 관련이 없다.

의식에 대한 지각과 관점은 훌륭한 것들이다. 이것들은 자기실현적 특성을 갖고 있다. 그렇다면 '꿈속의 나'와 '깨어 있는 나'를 넘어선 당신은 누구 혹은 무엇인가? 당신은 의식으로서 무엇을 경험하고 싶은가? 이 장 끝부분에 나오는 자유 글쓰기 연습은 이 개념을 보다 본격적으로 탐색하는 데 도움이 될 것이다.

출면 상태

자, 만일 우리가 깨어 있는 의식에서 꿈꾸는 의식으로 걸어 들어갈 수 있다면, 반대로 꿈꾸는 상태에서 깨어 있는 상태로 걸어 돌아올 수 있는가? 답은, 그렇다. 할 수 있다! 복도로 연결된 두 개의 방이라는 처음의 비유를 사용해보자면 출면 상태는 입면 상태를 뒤집은 것이다.

당신은 지금 두 번째 방에 있다. 그리고 복도로 이어지는 문을 연다. 복도를 쭉 걸어서 첫 번째 방으로 돌아온다. 두 번째 방은 꿈을 꾼 곳이다. 복도는 입면 상태다. 첫 번째 방은 깨어 있는 삶이란 현실이다.

꿈작업에서 출면 상태가 간과될 때가 많은 건 요즘 대부분의 사람들에게는 잠에서 깨는 과정을 찬찬히 누릴 시간적 여유가 없기 때문이다. 하지만 출면 상태에 대한 자각이 높아질수록 창조력이 강해지고 꿈도 더 잘 기억할 수 있게 된다. 게다가 유용하고 통찰 가득한 정보를 '반짝하는 순간'에 수신할 수도 있다. '아하' 순간처럼 말이다! 나는 이걸 '아하-통찰'이라고 부른다.

이런 통찰은 당신이 방금 꾼 꿈에 대한 것일 때가 많고, 최근 힘들어하고 있는 문제에 한 줄기 빛이 되는 것일 수도 있다. 대부분 한 줄로 짤막하게 떠오르는 것이기 때문에 기억하기도 쉽다. 그 예를 하나 들어드리겠다.

당시 나는 이루기 위해 애를 쓰던 목표를 포기해야 하나 말아야 하나 하며 크게 스트레스를 받고 있었다. 꼭 성취하고 싶은 목표

였으나 진척이 너무 느려서 그때까지 성공의 기미가 전혀 보이지 않았기 때문이다.

하지만 깨어나자마자 떠오른 아하-통찰은 바로 "결승선이 코앞인데 여기서 포기하면 바보지!"였다. 나는 이 통찰을 믿고 용기를 끌어모아 계속 밀고 나갔고 몇 주 후에 원하던 목표를 이루었다. 때에 따라서 이 출면 상태의 아하-통찰은 정체를 알 수 없는(본인 목소리와는 다른) 목소리가 마음속에서 들리는 것처럼 느껴지기도 한다. 가령 내 고객 중 한 명이었던 프리양카(가명)는 잠에서 깼을 때 "계약에 서명하지 마"라는 아하-통찰이 떠올랐다고 한다.

그때 프리양카는 자신이 운영하던 회사와 타 회사 간의 합병을 준비 중이었고, 모든 일이 문제 없이 잘 진행되고 있었다. 그러던 와중에 잠에서 깰 때 이 통찰이 떠오른 것이다. 그녀는 이 말을 꼭 들어야 할 것 같은 느낌에 사로잡혔다. 이성적으로는 말이 되지 않았다. 계약과 관련된 모든 게 아주 명명백백해 보였기 때문이다. 실제로 계약이 성사되면 그녀는 아주 부유한 여성이 될 예정이었다. 그래서 이 통찰은 의외롭게 느껴졌다.

결과적으로 그녀는 계약서에 서명하는 것을 일단 미루기로 했다. 3주 후, 그녀가 파트너십을 맺으려 했던 회사가 송사에 휘말리고 말았다. 만일 합병이 되었더라면 그녀의 브랜드 명성에도 금이 가고 사업이 어려워졌을 것이다. 그러니 그녀가 출면 상태에서 얻은 아하-통찰은 진짜로 그녀를 살렸다고 해도 과언이 아니다.

이것은 당신이 경험할 수 있는 많은 아하-통찰 중 단 두 개의 예에 불과하다. 나는 이런 통찰에 진심으로 귀 기울여야 한다는 사실을 확실히 알게 되었다. 아하-통찰은 프리양카의 경우처럼 극적이고 중요할 때도 있지만, 당신이 겪고 있는 내적 과정에 대한 한마디 논평인 경우도 많다. 또는 방금 꾼 꿈을 요약한 것일 수도 있다. 꼭 기억해둘 필요가 있는 꿈 내용을 복기해주는 것이다. 모두 유용하다!

자유 글쓰기 연습: '나' 발견하기

당신은 본인이 의식의 일부라고 생각하는가 아니면 자신이 그저 의식을 경험하는 것이라고 생각하는가? 이것은 중요하고 큰 질문인 만큼 잠시 시간을 내어 이 질문에 대해 충분히 고민해보길 바란다. 만일 꿈에서 내가 나의 행동을 통제할 수 있다면, 전체 풍경을 통제하는 것은 누구 혹은 무엇인가? 다음의 연습은 이러한 큰 질문에 대해 자신만의 답을 찾는 데 도움을 주고자 마련한 것이다.

　　필요한 것
- 펜과 공책
- 아무 방해도 받지 않을 시간과 공간

　　준비가 되면 이 진술을 완성해보라.
- 나는 ＿＿＿＿＿이다.

이 자유 글쓰기의 핵심은 떠오르는 대로 막 쓰는 것이다. 문법이 틀려도 좋고 글이 정돈되지 않아도 좋다. 그냥 무작정 계속 써내려간다. 쓸 말이 더 이상은 없다고 느낄 때까지 계속 써야 한다.

내가 처음 이 연습을 했을 때는 한 시간 정도가 걸렸는데, 두 번째에는 약 10분 정도 만에 끝냈다. 걸린 시간은 상관없다. 중요한 것은 완전히 몰입해서 "나는 _____이다"라는 문장을 최대한 다 쥐어 짜내는 것이다. 이 연습은 자기비판적 태도나 자만심에 사로잡힌 것 같을 때 다시 돌아와서 거듭 반복해서 해도 정말 좋다!

예는 다음과 같다.
- 나는 자기 자신을 경험하는 의식이다.
- 나는 자기 자신을 표현하는 영이다.
- 나는 아들이다.
- 나는 남자다.
- 나는 여자다.
- 나는 살아 있다.
- 나는 평화로운 활동가다.
- 나는 엔지니어/엄마/친구/애인/부인이다.
- 나는 이것을 당신에게 넘기고 있다.

이 연습을 다 하고 나면 처음으로 돌아가서 당신을 설명하는 수식어 중 변할 수 있는 것들을 모두 지워보라. 가령 잃어버릴 수 있거나 시간이 지나면 달라질 것들을 말이다(직책이나 머리 색깔 등등). 이걸 하면 두 가지 일이 벌어진다. 첫째는 자기 자신에 대한 (좋은 쪽이든 나쁜 쪽이든) 본인의 신념이 드러난다. 둘째는 영속성과 비영속성에 대한 본인의 신념을 깊게 파고들게 된다.

8장

의도적으로 꿈꾸는 사람

일련의 일들을 겪고 다소 지친 기분이 들었던 나와 남편은 휴가를 계획했다. 기분 전환을 위해 우리는 제대로 된 휴식을 꿈꾸며 작은 바닷가 마을에 있는 아파트를 예약했다. 그곳은 백사장과 청록색 맑은 바다가 인상적인 그림 같은 곳이었다.

목적지에 도착하자 파도 소리에 스트레스가 씻겨나가기 시작했다. 썰물 한 번과 밀물 한 번에 스트레스가 한 꺼풀씩 벗겨졌다. 해변의 아파트는 조용하고 편리하고 필요한 모든 게 주변에 있는, 우리가 딱 찾던 곳이었다. 우리는 깊이 만족했고, 그곳이 주는 모든 편리함을 만끽했다. 새 이웃이 이사 오기 전까지는 말이다.

저스틴과 아만다는 좋은 사람들이었다. 다만 시끄러울 뿐이었는데, 그건 우리가 즐기고 있던 선(禪) 스타일의 휴가와는 맞지 않았다. 어느 날, 그들이 똑같은 노래를 세 번째 부르기를 끝냈을 때 우리는 이제는 어떻게든 말을 할 때가 왔음을 깨달았다.

우리는 결국 용기를 내어 새 이웃에게 우리의 불편함을 조심스럽게 전했다. 그러자 그들은 자기네가 그렇게 시끄러웠다는 것을 전혀 알지 못했다는 듯 놀란 것처럼 보였다. 그들은 소리를 낮추기 위해 약간의 노력을 기울였고 우리 역시 소음에 크게 신경 쓰지 않으려고 노력했으나 상황이 별로 나아지지는 않았다.

우리는 휴가지에서 누릴 수 있는 즐거움과 잠을 최대한으로 쥐어짜면서 휴가를 보냈고, 이웃집에서 뻑사리가 들릴 때마다 열심히 수용하고 내맡기는 연습을 했다. 눈 깜짝할 사이에 휴가는 끝났고 우리는 집으로 돌아와 바쁜 일상으로 복귀했다.

어느 날 밤 깊은 잠에 빠진 나는 일 관련 컨퍼런스에 참석한 꿈을 꾸고 있었는데(컨퍼런스라니, 웃긴 거 나도 안다!) 바로 그때 저스틴의 노랫소리가 들렸다. 꿈에서 나는 중얼거렸다. "저스틴, 당신은 씨발 왜 그렇게 맨날 시끄러운 거예요?" 알고 보니 꿈속의 나는 만취한 욕쟁이 뱃사람처럼, 마치 다 들으라는 듯이 씨발의 '씨'를 아주 찰지게 발음하는 사람이었다. 자, 내가 욕하는 게 깨어 있는 삶에서 감정을 억눌러서 그러는 게 아닐까 하며 혹시나 분석하는 분들이 있을까 봐 그런 마음의 짐을 덜어드리자면, 나는 내가 존재하는 모든 시공간의 현실에서 욕을 하는 사람에 가깝다는 걸 알려드린다.

이제 저스틴으로 돌아가보자.

저스틴, 당신은 씨발 여기서 뭐하는 거고, 또 왜 그렇게 시끄러운 거예요?

저스틴에게 느꼈던 짜증이 내 꿈으로까지 따라왔던 것이다. 우리는 그 휴가지를 떠났다. 임대했던 아파트에서도 떠났다. '저스틴은 여기에 있을 리가 없다. 나는 집으로 돌아왔어. 나는 꿈을 꾸고 있는 게 틀림없어. 이건 꿈이다. 나는 꿈을 꾸고 있어. 저스틴에게 소리 지르는 거 멈춰.'

모든 자각몽은 실제로 꿈을 꾸고 있을 때 자신이 꿈꾸고 있다는 사실을 완전히 자각하는 바로 그 순간 시작된다. 그게 자각몽의 정의다. 나는 저스틴이 내 컨퍼런스에 절대로 있을 수 없다는 사실을 인식하는 순간 내가 꿈을 꾸고 있음을 알았다. 그런 뒤 나는 정말 예상치 못했던 수준의 깊은 의식적 자각 상태로 꿈을 탐색해 나갔으며, 그 자각의 상태를 가능한 한 오래 유지하고자 적극적으로 노력했다.

그 경험 이후 저스틴인 척하는 웃긴 목소리가 내 보통몽에 가끔 나와서 마치 공항에 울려 퍼지는 방송처럼 내게 말을 걸었다. "안녕, 아테나. 저스틴 또 왔습니다. 어떻게, 잘 지내요?"

아니면 꿈에서 새 길로 들어섰는데 마침 그 도로명이 저스틴이거나 꿈속 인물이 그 이름을 언급하기도 했다. 그리고 언제나 그 '저스틴'을 계기로 나는 꿈을 자각했다.

내가 '의도적으로 꿈꾸는 사람'이라는 단어를 좋아하는 까닭은 이 말이 우리가 경험하는 우리의 본질을 대단히 폭넓게 아우르고 있기 때문이다. 우리는 깨어 있는 삶과 잠들어 있는 삶이라는 꿈 모두를 의도적으로 꾸는 사람들이다. 당신은 의도적으로 꿈을 꾸는 사람이다!

'저스틴 경험'뿐 아니라 다른 사람들과의 꿈작업을 통해 나는 우리 내면에 우리가 꿈을 자각하기를 진실로 바라는 부분이 있음을 믿게 되었다. 이상하거나 상황에 맞지 않아 보이는 것을 꿈에서 얼마나 많이 경험하는지 생각해보라. 어쩌면 그 모든 것들이 사실은 당신이 '깨어나기'를 바라며 이것이 꿈임을 자각하라고 요란스럽게 외치는 표현 혹은 꿈의 신호일 수 있다. '당신 버전의 저스틴인 것이다.'

이 책을 계속 읽어나가다 보면 꿈을 자각하기 위해 연습할 수 있는 다양한 과정과 기법을 알게 될 것이다. 누구나 자각몽을 꿀 수 있다. 당연히 당신도 그 누구나에 포함된다! 그리고 일단 시작했다면 열심히 꾸준히 해야 한다. 몇 개의 기법을 선택해 첫 번째 자각몽을 꿀 때까지 혹은 더 자주 자각몽을 꿀 때까지 일관되게 연습해보길 바란다.

자각몽을 촉진하는 자기성찰적 사고

나는 비판적이고 자기성찰적인 생각을 계기로 꿈을 자각한 경우가 상당히 많다. 방금 내가 설명한 꿈에서 나는 스스로에게 이렇게 물었다. '저스틴이 왜 내 일터에 있지?' 내 뇌는 자신이 처한 꿈 장면을 이성적으로 이해하고자 노력했다. 그가 절대 그곳에 있을 수 없는 사람임을 깨닫고 나서야 비로소 나는 내가 꿈을 꾸고 있음을 알았다. 자기성찰적 질문이 내 자각을 일으킨 촉매가 된 것이다.

이 꿈은 DILD(dream induced lucid dreaming, 꿈에서 유도되는 자각몽)라

고도 불리는 유명한 자각몽 방법의 좋은 예이기도 하다.

내 경험도 그렇고 내 많은 고객들의 경험도 그러한데, 깨어 있는 삶에서 자기 인식과 알아차림에 능숙해질수록 꿈에서도 동일한 기술을 이용하는 게 쉬워진다. 꿈속에서 자신이 처한 현실에 의문을 던질 수 있을 정도로 깨어 있을 수 있다면, 그 결과 그 사람은 자신이 꿈을 꾸고 있음을 알아차릴 것이다. 명상은 이러한 자각을 키우는 데 도움이 되는 한 가지 활동이다.

명상을 할 때 당신은 관찰자가 되어 마음에서 떠오르는 생각들을 그저 지켜본다. 의식의 흐름을 지켜보는 연습이 잘 되면 잘 될수록 거기에 휘말릴 가능성은 줄어든다. 일반 명상은 결국 자극과 반응 사이의 틈을 더 넓히고 키워주는 것이다. 이 경계 공간은 자기성찰적 생각이 강해지는 곳이다. 꿈에서 자각할 수 있으려면 바로 이 공간을 적극적으로 개발해야 한다.

실용적이고 일상적인 예를 하나 들어보겠다. 못된 동료가 당신에게 또 한 번 비난의 말을 퍼붓는다면 그에 반응하는 대신 자극과 반응 사이의 경계 공간으로 그냥 들어가보는 것이다. 내면에서 떠오르는 것들을 지켜보는 일 외에는 아무런 행동을 취하지 않는다.

격렬하게 반응하는 당신의 생각을 그저 관찰하는 것부터 시작해본다. '그 여자는 도대체 문제가 뭐야? 자기가 뭐라도 돼? 왜 사람들은 나를 이렇게 함부로 대하는 거야?' 그다음으로 자신의 느낌과 몸의 반응을 지켜본다. '분노가 끓어오르고 속이 메스껍다.' 그런 다음 내면의 경계 공간이 충분히 열렸다는 느낌이 들면 자신의 반응을 능동적으로 선택한다. '그 여자랑 싸우는 건 나한테 도움이 안 돼. 나는 선을 확실하게 긋는 것을 선택할 거야. 그 여자가 아무리 이상하게 행동해도 그것과 상관없이 나는 내 반응을 선택할 수 있어. 나는 그냥 한발 물러나겠어.'

이렇게 하면 앞의 예처럼 일상에서 마주치는 모든 시나리오가 자기 인식과 마음의 힘을 연습할 수 있는 완벽한 기회가 된다. 이것은 당신이 언제든 연습할 수 있는 일종의 알아차림 명상이다. 그저 모든 주의를 자신이 처한 현재 시나리오나 순간에 집중하는 게 시작이다.

현재 자신이 경험하는 것에 모든 주의를 두면서 자각 상태를 높일 수 있는 자기성찰적 질문을 스스로에게 던져본다. 무엇이 보이지? 어떤 소리가 들리지? 어떤 향이 맡아지지? 내 몸의 느낌은 어떻지?

그런 다음 마음속에 꼬리에 꼬리를 물고 지나가는 생각들을 그저 관찰하고 지켜본다. 나는 지금 무슨 생각을 하고 있지? 그와 동시에, 자신의 생각에 따라 그리고 외부적으로 경험하는 일에 따라 몸에서 일어나는 조건반사를 알아차린다. 나는 이 상황에 어떻게 반응하고 있지?

이 자기성찰적 질문의 목적은 객관적인 거리를 확보하고 현재 현실에서 어떤 일이 벌어지든 의식적으로 반응하는 능력을 키우는 것이다. 자극과 반응 사이의 경계 공간을 개발하고 활성화하면 '반응을 선택하는' 역량이 훨씬 커진다.

이 연습의 장점 중 하나는 자신이 평소 어떻게 생각하고 느끼는지, 그리고 그 결과 어떻게 행동하는지를 자각하게 된다는 것이다. 그러면 더 이상 자기에게 도움이 되지 않은 것을 바꿀 수 있게 되어 더 기분 좋은, 더 나은 삶을 살 수 있게 된다. 이것은 개인의 성장을 추구하는 사람이라면 누구나 할 수 있는 가장 해방적인 연습 중 하나다.

또한 이 연습은 자각력을 높여주기 때문에, 꿈작업에 있어서도 똑같이 해방적인 연습이다. 자각이 높아지면 꿈풍경에서 무언가 이상한 것들을 알아차리는 게 쉬워지고, 이를 계기로 꿈이 꿈임을 알아차릴 수 있다. 사무실에서 원숭이를 보면 자기성찰을 통해 '원숭이는 그렇다고 쳐도, 나는 애초에 사무실에서 일하지 않잖아! 그러니 나는 분명 꿈을 꾸고 있는 게 분명해' 하고 깨닫는 것이다. 혹은 돌아가신 누군가를 꿈에서 만났는데 그분을 추모했던 사실이 떠오를 수도 있다. 자기 인식은 루시드 드리머(그리고 깨어 있는 삶의 의식적인 공동 창조자)가 되는 과정 일부에 그치는 게 아니다. 반드시 해야 하는 것이고 그 자체를 목표로 삼아야 한다.

흥미롭게도 독일의 막스플랑크 정신과학연구소(Max Planck Institute of Psychiatry)는 자각몽과 일반몽을 꿀 때 두뇌의 어느 부분이 활성화되는지를 밝히는 연구를 실시했다. 연구 참여자들이 일반몽을 꿀 때와 자각몽을 꿀 때 두뇌 활동이 어떤지를 비교했다. 연구소의 과학자들은 자기공명단층촬영(MRT)을 사용해 자각몽을 꿀 때 활성화되는 두뇌의 핵심 부위를 확인할 수 있었다.

연구 결과에 따르면 꿈에서 의식적 자각이 일어나면 특정 대뇌 피질 네트워크와 그에 해당하는 뇌 영역(전전두엽 피질과 설전부 등)의 활동이 늘어난다. 이 뇌과학자들은 여기가 자신의 생각과 감정을 평가할 수 있는 능력인 자기평가 및 자기지각(즉, 자기 성찰을 통한 메타인지)과 연관된 부위라고 밝혔다.

이들의 연구는 자각몽 상태일 때의 신경 네트워크를 처음으로 밝혔다는 점에서 획기적이다. 게다가 자기성찰이 자각몽과 연결된다는 점도 이 연구를 통해 확인되었다.

자각몽으로 가는 여러 갈래의 길

자극과 반응 사이의 틈새를 늘려 자기성찰적 능력을 확장하다 보면 자각몽을 경험할 수 있는 확률을 높이기 위해 여러 방법을 시도해보고 싶은 마음이 들 수 있다. 독자 여러분의 편의를 위해 아래에 여러 기법을 선별해 소개한다. 이 방법들은 학계 연구와 창조적인 지혜, 그리고 나를 비롯해 자각몽 커뮤니티 전반에서 효과가 있었던 기법을 바탕으로 한다.

• 리얼리티 체크 1번: 나는 지금 꿈속에 있나?
하루 동안 의도적으로 깨어 있는 삶에서 '리얼리티 체크reality check'를 해본다. 즉, 내가 지금 꿈속에 있는가를 스스로에게 묻는 것이다. 이 질문을 하루에 여러 번 하라. 가령 식사를 할 때마다 또는 한 시간마다 이 질문을 스스로에게 묻는다. 문자 그대로 이렇게 말한다. '지금 이게 꿈인가?' 이렇게 하다 보면 실제 꿈을 꿀 때도 똑같은 질문이 본능적으로 머릿속에 떠오른다. 그러면 당신의 답은 '맞아! 나는 지금 꿈속에 있어'가 될 것이다.

내 고객 중 많은 사람이 이 방법으로 큰 효과를 보았다. 하지만 나의 경우, 자각몽 꾸는 능력을 다시 일깨우기 위해 노력했던 한 시기에 이 연습을 석 달이나 했는데도 전혀 진척이 없었다. 당신을 낙담시키려고 이 말을 하는 건 아니다. 내 말의 요점은 자각몽을 꾸기 위한 길은 정말로 직접적인 경험을 통해서만 나아갈 수 있는 과정이라는 점이다. 그러니 자신에게 맞는 방법을 찾기 전까지는 이런저런 방법들을 여러 번 시도해보는 게 좋다. 생각보다 조금 더 오래 걸린다고 쉽게 포기하기 말기를! 그저 묵묵히 연습하면서 과정을 즐기길 바란다.

• 리얼리티 체크 2번: 1인칭으로 경험하는가, 3인칭으로 경험하는가?
이것은 내가 더 많은 자각몽을 꾸는 데 정말 도움이 되었던 방법이다. 당신은 꿈을 꿨을 때 마치 영화를 보는 것 같은 느낌이 든 적이 있었나? 자신의 꿈을 제3자가 되어 경험하는 것처럼 말이다. 다시 말해, 당신은 꿈에서 자신이 다른 사람과 교류하는 모습을 공중에서(혹은 먼 거리에서) 관찰하고 있고, 바로 이 사실 때문에 자신이 꿈을 꾸는 중이라는 것을 알아차린다.

우리는 일상에서 자신의 전체 모습을 본인의 눈으로 보지 못한다. 자신을 찍은 비디오를 보거나 거울에 비친 상을 봐야 자기 모습을 볼 수 있다. 그렇기 때문에 자신이 세상을 어떤 시점에서 보고 있는지에 자주 주의를 기울이기 시작하면 그 알아차림을 꿈 의식으로까지 가져갈 수 있고, 이를 계기로 자각이 일어날 수 있다. 종일 스스로에게 이렇게 물어보라. 나는 삶을 1인칭으로 경험하고 있는가?

한 가지 당부하고 싶은 것은, 이 방법을 비롯한 여러 방법이 시력이 있는 사람들을 대상으로 하고 있지만 사실 이것은 단순히 보는 것을 넘어선 더 큰 무언가, 즉 본인의 지각에 의문을 던지고 온종일 (그리고 온밤 동안!) 수신하는 지각 정보를 통합하는 능력에 관한 것이라는 점이다. 우리는 감각을 통해 삶을 경험하므로 그 모든 감각에 주파수를 맞출 수 있다면 자기 인식력이 높아지고, 이것은 다시 꿈속에서의 자각을 촉진할 수 있다.

또한 연구에 따르면 시각장애인도 시각에 기반한 꿈을 꾸는 경우가 있다고 한다. 그렇긴 하지만 그런 꿈을 꿀 수 있는 능력은 꿈꾼 사람이 시력을 잃은 게 7세 이전인지 이후인지, 아니면 처음부터 시각장애인으로 태어났는지에 영향을 받는 경우가 많다. 내가 알기로 현재까지는 시각장애인이 실제로 자각몽을 경험할 수 있는가 여부를 입증한 과학적 연구는 없다. 내 직감으로는 자각몽이란 시각이 아닌 의식을 경험하는 방법이고, 따라서 앞을 볼 수 있는 능력이 반드시 전제조건인 것은 아닌 듯싶다. 혹시 독자 여러분 중에 이런 분을 알고 계시는 분이 있는지 궁금하다!

• 리얼리티 체크 3번: 당신은 당신 모습을 하고 있나?

깨어 있는 삶에서 연습할 수 있는 또 하나의 리얼리티 체크를 소개한다. 거울에 비친 자기 모습을 볼 때마다 자신의 실제 생김새를 꼼꼼히 보는 것이다. 몇 분간 집중해서 자기 모습을 있는 그대로 관찰한다. 내 고객들은 이 리얼리티 체크의 효과를 가장 크게 보려면 머릿속에 떠오르는 판단분별의 생각들을 잠재우거나 그냥 흘려보낼 수 있어야 한다고 말했다. 당신이 자신의 외모에 굉장히 비판적인 사람이라면 다른 리얼리티 체크 방법에 집중하기를 바란다.

가끔은 꿈에서 자기 자신의 모습을 보지만 생김새가 완전히 똑같지 않을 때도 있다. 본인의 모습을 하고 있되 머리카락 색이 다르거나 키가 조금 더 큰 식으로 약간씩 다른 부분들이 있다. 혹은 꿈에서 외양이 완전히 달라지기도 한다. 꿈에서는 키 180센티미터에 이목구비가 부리부리한 남성으로 나오는데 실상에서는 자그마한 여성일 수 있다. 이 모든 리얼리티 체크의 목표는 자신에 대한 자각을 유도하는 것이다.

- 리얼리티 체크 4번: 손을 보라.

하루 중간 중간에 두 손을 보기 바란다. 정말 세세하게 바라보면서 손에 집중해보라. 꿈에서는 손 모양 역시 달라질 수 있다. 그 차이를 알아차릴 수 있다면 그 인식이 꿈속에서 자각을 일으킬 수 있다. 이 리얼리티 체크를 조금 더 응용해서 손가락을 다른 쪽 손의 손바닥이나 테이블에 대고 미는 것도 좋다. 꿈에서는 손가락을 어떤 물체에 대고 밀면 손가락이 그 물체를 슥 지나갈 수 있다.

일어났다가 다시 잠드는 방법

이것은 중간에 깨는 게 싫지만 않으면 가장 간단하게 할 수 있으면서도 효과는 가장 큰 방법이다. 이 연습의 큰 장점은 정말 쉽다는 것이다! 그냥 평소보다 몇 시간 일찍 일어나기만 하면 된다. 일어나서 한 시간 동안 깨어 있다가 한 시간이 지나면 다시 잔다. 이 연습을 했던 많은 고객들이 알람을 오전 5시 30분에 맞췄다. 이때 일어나면 하루를 본격적으로 시작하기 전에 충분히 여유를 갖고 자각몽을 꿀 수 있다.

스티븐 라버지의 MILD 방법

MILD는 '기억으로 유도하는 자각몽'(mnemonic initiated lucid dream)의 약자다. 이 방법은 자각몽을 꾸기 위해 기억, 의도, 시각화를 이용하는 것이다. 여러분이 여러 방법들로 실험할 수 있게 이 방법의 네 단계를 간략하게 설명해드리겠다.

첫 번째 단계는 꿈을 기억하는 것이다. 꿈을 기억해낼 수 없다면 자각몽을 꾸어도 기억하지 못할 공산이 크다. 그러니 1단계의 핵심은 꿈 기억하는 연습을 최대한 많이 해서 습관으로 만드는 것이다.

꿈을 재빨리 복기해야 한다면 깨자마자 가만히 누워 있는 상태에서 머릿속에서 꿈을 다시 재생시킨다. 이렇게 하면 꿈을 기억으로 저장하는 데 도움이 된다. 그리고 잊지 말고 꿈을 꼭 적길 바란다. 꿈을 쉽게 기억할 수 있게 되면 다음 단계로 넘어간다.

두 번째 단계는 종일 의도적으로 리얼리티 체크를 하는 것이다. 가령 '지금 이게 꿈인가?' 하고 스스로에게 묻는다. 할 수 있는 한 자주 리얼리티 체크를 실시한다.

세 번째 단계는 침대에 누워 잠잘 준비를 할 때 하는 것으로, 확언을 계속 암송한다. 가령 "나는 의도적으로 의식적으로 자각몽을 꾼다" 혹은 "나는 오늘 자각몽을 경험할 것이다"라고 말하면 된다. 내가 좋아하는 확언은 "나는 자각몽을 꾸는 게 정말 쉽다"와 "자각몽은 자연스럽고 쉽게 나에게로 온다"이다. 이 확언에서 제일 중요한 부분은 정말 믿고 있는 것처럼 말하는 것이다. 진심 어린 믿음과 확고한 결심을 담아 확언을 한다.

네 번째 단계는 기억나는 꿈 하나를 심상화하는 것이다. 이 마지막 단계에서는 몸을 충분히 이완하는 게 중요하다. 완전히 이완된 게 느껴지면 최근에 꾼 즐거운 꿈 장면을 심상화한다. 최대한 자세하게 그 장면을 떠올린다.

꿈을 생생하게 그려내어 한동안 머릿속에서 재생했다면 자신이 꿈속에 있음을 알려주는 표식을 알아차린다. 자신이 꿈속에 있음을 알려주는 꿈표식이나 리얼리티 체크를 적극적으로 심상화한다. 이상한 사람이나 장소, 물건 등이 눈에 띌 수 있다. 그리고 이 이상한 부분을 감지하면 스스로에게 말한다. "이건 꿈이야!" 자신이 꿈을 자각하는 순간을 의도적으로 상상하는 것이다.

이 모든 일이 실제로 잠에 빠지기 '전'에 일어나야 한다는 사실을 꼭 기억해주길 바란다. 이전에 꾸었던 진짜 꿈을 바탕으로 자각몽 판타지를 아주 생생하게 만들어내는 게 핵심이다. 진짜 쇼를 진행하기 전에 드레스 리허설을 하는 것과 같다고 보면 된다.

그런 다음 막 꿈을 자각한 자신의 모습을 상상한다. 이제 당신은 무엇을 하고 싶은가? 하늘을 나는 자신의 모습을 상상해볼 수도 있고 아니면 꿈의 다른 핵심 부분들을 바꿔버릴 수도 있다. 모든 것은 당신 선택에 달렸다.

당신은 이 과정 중에 잠들어버릴 가능성이 매우 크다. 그래도 전혀 문제없다. MILD 기법의 핵심 의도는 잠들기 전 자각몽을 꾸고 있다는 생각을 가장 마지막 생각이 되게 하는 것이다. 이렇게 되면 이 생각이 이어져 보통 그날 밤 실제로 자각몽을 꾸게 된다.

하지만 자각몽을 꾸지 못한다고 해도 그저 될 때까지 계속 연습하시길 바란다.

오후에 토막잠을 자며 꿈 상태 실험해보기

초현실주의 화가인 살바로드 달리는 자신의 저서 《마법의 50가지 비밀》*에서 각성 상태에서 자는 잠이 창작에 얼마나 도움이 되는지를 괴짜스러운 톤으로 적고 있다. 실제로 그는 자신의 회화 이미지가 입면 상태와 출면 상태에서 본 것들에 기반하고 있다고 밝혔다. 사실상 그의 책은 잠과 꿈을 토대로 창조적 예술을 만들고자 하는 모든 아티스트에게 바치는 일종의 '방법서'나 다름없다.

물론 매일 오후에 낮잠을 자는 사치를 부릴 여유가 없는 사람이 많다는 걸 알고 있다. 하지만 어떻게든 짬을 내서 달리가 '열쇠를 들고 자는 잠'이라고 부른 다음 연습을 해본다면 꽤 놀랄 수도 있다. 특히나 본인의 창조성을 끌어내어 높이고 싶은 사람이면 말이다!

달리에 따르면 필요한 준비물은 앙상한 골격의 가죽 의자(스페인의 장인이 만든 것이면 금상첨화다), 무게가 무거운 열쇠와 접시 하나다. 연습 방법은 다음과 같다.

접시를 뒤집어서 바닥에 놓는다. 그런 다음 가죽 의자에 등을 기대고 앉는다. 스페인제 불편한 의자가 없어도 괘념치 말기를! 그냥 갖고 있는 의자를 쓰면 된다. 그런 다음 무거운 열쇠를 왼쪽 손, 구체적으로는 검지와 엄지 위에 조심스럽게 걸쳐 놓는다. 그리고 이 연습의 가장 핵심을 말하자면, 잠을 수 분 이상 자면 안 된다. 달리는 1분

★ 50 Secrets of Magic Craftsmanship

넘게 자는 것도 너무 길다고 했다!

그 이유는 손에 너무 아슬아슬하게 걸쳐져 있는 열쇠 때문이다. 당신은 잠에 드는 순간, 뒤집힌 접시 위로 자비 없이 떨어져 쨍그랑 소리를 내는 열쇠 때문에 바로 잠에서 깰 것이다. 달리에 따르면 1~2분 정도만 자도 창작에 필요한 직관적 정보를 내면으로부터 받기에 충분하다고 한다.

이렇게 비몽사몽 상태일 때 본 이미지가 기억나면 그 즉시 창작 활동에 몰입해야 한다. 이때 혹시나 논리적 생각이 올라오더라도 이에 구애받지 말아야 하며, 가장 중요한 것은 예술 작품이란 어때야 한다는 본인의 생각도 잊어버려야 한다. 오직 잠을 매개로 경험했던 것만을 이용해 창조한다.

내가 달리의 방법을 좋아하는 건 몇 가지 이유에서다. 첫째는 창조성과 꿈에 집중할 수 있는 시간을 따로 낸다는 게 무척 좋다. 이 시간은 당신이 내면세계를 중요하게 여기는 사람임을 자기 스스로와 주변인들에게 보여준다. 심리학적으로 보자면 이 시간은 자신의 정신 내적 과정을 의도적으로 탐색할 수 있는 기회라고 할 수 있다. 결과적으로 당신은 매일 오후의 낮잠을 통해 자신의 본능적인 삶과 영적인 삶 모두를 강화할 수 있다.

내가 이 방법을 좋아하는 또 다른 이유는 깨어날 때 불쾌감을 자아내는 특유의 구조 때문인데, 이렇게 깜짝 놀라서 잠에서 깨버리면 꿈 이미지를 기억하지 못하는 게 더 어렵다! 이 방법은 그 자체로 꿈을 더 잘 기억하게 해준다. 게다가 몸이 배기는 앙상한 의자에서 잠이 들 수 있다면 '머리만 닿으면 잠드는 사람'의 반열에 올라 온갖 종류의 초저가 비행기에서도 무적이 될 수 있다. 마지막으로, 하지만 어쩌면 가장 중요할 수도 있는 점은, 이것이 지나치게 심각한 세상에서 창조성과 놀이의 장이 되어준다는 것이다.

감정을 알아차려 자각몽 안정시키기

자, 이제 당신은 처음으로 자각몽을 꾸었다. 꿈을 자각한 그 순간은 얼마나 황홀한지! 이때 너무도 감격한 당신은 잠에서 벌떡 깨고 만다. 나 역시 꿈을 자각했다는 사실에 너무 흥분해서 깨버린 경우가 생각보다 훨씬 많다. 이것은 자각몽을 자주 꾸는 사람이 되기 위한 여정에 들어서면 흔히들 겪는 과정이므로 낙심할 일이 전혀 아니다.

의식적으로 꿈꾸는 사람이 되기 위해서는 꿈속에서 감정을 빠르게 조절하는 법을 연습해야 한다. 자각 상태를 유지해 꿈에서 최대한 많은 시간을 활용하려면 계속 침착해야 하고 어떤 감정이든 가라앉힐 줄 알아야 한다. 감정 조절을 위한 효과적인 연습 방법은 깨어 있는 삶에서 매일매일 알아차림에 능숙해지는 것이다.

깨어 있는 삶에서 감정을 능숙하게 다룰 수 있으면 그 능력을 꿈으로도 가져가 꿈을 자각한 순간 감정을 차분하게 가라앉힐 수 있다. 깨어 있는 삶에서 감정과 생각을 더 자주 관찰할수록(또는 지켜볼수록) 그것에 반응해 휘둘리는 경향이 적어지고 꿈에서 감정과 생각을 필요에 맞게 바꾸는 게 더 쉬워진다.

알아차림 연습: 발에 주의 집중하기

자각몽 안에서 침착함을 유지하기 위해 집중적으로 할 수 있는 최고의 알아차림 연습은 발에 모든 주의를 보내는 것이다. 이 연습은 깨어 있는 삶에서나 꿈에서 모두 하는 걸 권한다. 하루 동안 자주 이 연습을 하고, 특히 외부 상황에 자신이 휩쓸린다는 느낌이 들 때는 꼭 해보길 바란다.

이 연습의 골자는 간단하다. 하루 동안 아무 때나 발에 의식적으로 주의를 집중하는 것이다. 바닥이나 신발에 닿아 있는 발에서 어떤 감각이 느껴지는지 알아차려보라. 발가락은 어떤 느낌인가? 차갑나, 뜨겁나? 편안함이 느껴지나? 발이 뻣뻣한가? 발을 이리저리 움직이면서 새로운 감각이 느껴지는지 살펴본다. 필요한 만큼 시간을 들여 이 연습을 해보라. 핵심은 주의를 발로 완전히 가져가서 자각의 대상을 간소화하고 집중력을 통제하는 것이다.

게다가 이제 당신은 주의를 어디에 보낼 것인지를 의식적으로 통제하고 있으므로 그때까지 떠오르던 자동적 사고도, 속에서 올라오던 감정도 멈춘다. 나는 하루에 최소 열두 번은 이 연습을 한다. 줄에 서 있을 때, 교통체증 때문에 길거리에 갇혔을 때, 음식을 준비할 때, TV를 볼 때, 커피를 마실 때, 그냥 루틴처럼 하는 일을 할 때마다 한다. 이 연습은 생각과 감정을 현재 순간에 집중시키는 능력을 되찾는 데 도움이 된다.

　나는 꿈을 자각했을 때도 똑같이 발로 주의를 재빨리 보내서 내가 느끼는 흥분을 끊어내려고 한다. 깨어 있는 삶에서 이 연습을 버릇이 될 때까지 했더니 꿈속에서도 쉽게 할 수 있었다. 그러니 당신도 꿈속에서 자각했을 때 너무 신이 난다면 재빨리 발에 집중해서 들뜬 기분을 가라앉히길 바란다. 그래야 꿈에서 깨지 않는다!

　이 연습을 해야 하는 또 다른 중요한 이유는 꿈에서 몸에 주의를 기울이면 주의를 집중시키는 동시에 꿈 자체를 진정시킬 수 있기 때문이다. 어떤 루시드 드리머들은 여기서 한발 더 나아가 꿈풍경에 대고 "꿈이여, 진정하라"라고 소리 질러 꿈을 안정시킨다! 이 방법은 나를 포함해 많은 사람에게 효과가 좋았으니 당신이 초보 루시드 드리머라면 한번 시도해보길 바란다.

9장

꿈인 걸 알았다 ─ 그러면 이제 뭘 하지?

디테일은 흐릿하지만 느낌만은 생생하다. 나는 초조했다. 내가 긴장했던 건 내가 하늘에서 빠르게 낙하하고 있었기 때문이다. 나는 말도 안 되는 속도로 아래로 돌진하고 있었다. 하염없이 떨어지고 있는데 눈앞에 층층이 쌓인 구름이 보였다. 나는 그 구름들을 뚫고 추락했다. 그러자 불편한 자각이 마음을 스쳤다. 이 구름들은 차갑구나.

이제 나는 맹렬하게 춥다. 추위를 엄청 타는 나는 땅에 떨어지면 얼마나 아플지가 확 실감 난다. 하지만 아무리 보지 않으려 해도 연파랑 하늘과 흰색 구름이 내 시선을 빼앗는 건 어쩔 수 없다. 나는 이렇게 빨리 움직이는 이미지를 보지 않으려고 고개를 옆으로 돌리고 눈을 꼭 감는다. 자유 낙하 때문에 속이 미식거린다.

그때, 감각 과부하로 정신을 못 차리고 있는 내게 생각 하나가 구명줄처럼 드리운다. '내가 정확히 언제 비행기에서 뛰어내렸어?' 그러자 그 뒤를 이어 생각이 하나 더 따라온다. '어떻게 이런 일이 일어날 수 있지?' 꽝! 머릿속에서 전구 하나가 반짝 켜진다. 이제 나는 내가 꿈을 꾸고 있음을 알아차린다. 그때까지 초긴장 속에서 낙하하며 땅에 처박히고 말 것이라는 무시무시한 예감에 떨던 나는 순식간에 자각몽 안에서 적극적으로 그리고 의도적으로 하늘을 나는 사람이 되어 있었다.

이제 구름 속을 날아다니는 나는 의도적으로 꿈을 꾸고 있는데도 여전히 구름이 차갑게 느껴지는 데 놀라워한다. 그리고 정말 신난다! 자각몽에서 느끼는 감각은 진짜 실제 같다. 당신 역시 자각몽을 더 꾸게 되면 이 사실을 경험으로 알게 될 것이다.

나는 이제 그만 날고 내 발밑에 있는 미지의 꿈풍경에 착륙하기로 결심한다. 이 자각몽에서는 착륙하겠다는 생각만 하면 바로 그곳에 내가 '나타난다.' 멀리 남동생이 보인다. 깨어 있는 삶에서 남동생은 외국에 살고 있었기 때문에 동생을 보니 기쁜 마음을 주체할 수가 없다. 나는 동생의 시선을 붙잡으려고 손을 흔들었는데 너무 신이 났던 나머지 나도 모르게 잠에서 깨버렸다!

당신도 자각몽을 더 탐색하다 보면 알겠지만, 의도적으로 꿈을 꿀 때는 꿈을 꾸는 내내 혹은 가능한 한 오랫동안 감정을 알아차리고 지켜보는 것이 관건이다. 그렇긴 해도 자각몽은 당신의 의도에 맞춰 한없이 변할 수도 있다. 당신은 자각몽에서 무엇을 경험하고 싶은가?

날고 싶은가? 그렇게 될 것이다. 물속에서 숨을 쉬어보고 싶은가? 된다. 과거를 여행할 준비가 되었나? 떠나라. 다음 단계로 취해야 할 올바른 행동이 무엇인지 알고 싶은가? 꿈풍경에 물어보라. '재 밌는 일'들을 꿈에서 다 하고 나면 이제는 더 깊게 들어가 자신이 왜 여기에 있으며 자신의 혼의 목적은 무엇인지도 알 수 있다! 혹은 자신의 가이드를 만나게 해달라고 요청할 수도 있다. 가능성은 무궁무진하다.

초보 루시드 드리머들은 내게 자각몽이 가상현실을 경험하는 것과 비슷하냐고 묻는다. 내 대답은 언제나 "아닙니다"이다. 가상현실 속 사물들이 정말 실제 같아 보이긴 해도 그걸 느낄 수는 없다. 가령 가상현실에서 이탈리아의 구석구석을 여행할 수는 있어도 젤라토를 맛볼 수는 없지 않나! (내가 보기에는 정말 실망스럽기 그지없다. 아니, 그럼 이탈리아를 여행하는 이유가 뭔가?) 하지만 자각몽에서는 이탈리아에 가고 싶다고 마음을 먹으면 이탈리아에 가서 촉감이 느껴지고 당연히 맛있는, 완전히 진짜 같은 젤라토를 맛볼 수 있다!

자각몽은 깨어 있는 현실과 같되 다른 자연법칙이 적용되는 세상이어서 그 안에 있으면 경험의 양상도 달라진다. 모든 게 진짜처럼 생생하지만 의지를 떠올리는 것만으로도 꿈 세상과 교류할 수 있고 무엇이든 나타나게 할 수 있다. 치유의 의도만 갖고 몸에 손을 대면 치유가 된다. 날 수도 있다. 물속에서 숨을 쉴 수 있다. 그런데 사실 물속에서 숨을 쉰다는 건 자각몽에 훨씬 능숙해졌다는 뜻이기도 하다. 꿈속에는 물리적 육체가 없기 때문이다. 그건 당신의 에테르체 또는 에너지체이고, 그 에테르체는 사실 숨을 쉴 필요가 없다.

어떤 경우든 자각몽을 더 많이 꾸게 될수록 깨어 있는 삶에 적용되는 물리적 규칙을 지킬 필요가 없다는 사실을 더욱 확실하게 알게 된다. 가령 자각몽에서는 문을 굳이 열 필요가 없다. 그냥 문을 통과해서 지나가면 된다! (귀신들이 영화에서 하는 것처럼 말이다! 하!) 당신은 물질성에 구애받지 않지만 그래도 여전히 느낄 수 있다. 받아들이기 위해 열심히 느끼다 보면 마침내 직접 경험하게 된다는 건 멋진 역설이다.

자신이 믿는 큰 철학적 틀 역시 자각몽 내에서 어떻게 행동하느냐에 영향을 준다. 여기에 더해, 최초의 꿈풍경은 당신이 의식적으로 한 일이 아무것도 없는데도 어디에선가 저절로 나타난다는 사실도 기억해두면 좋다. 가령 자신이 이미 어떤 꿈 안에 들어와 있고, 그러다가 이것이 꿈임을 깨닫고, 그런 다음 눈앞에 보이는 것과 교류하는 게 일반적인 상황이다. 그러니 어느 정도는 통제하지만 전지적인 통제는 아닌 셈이다. 당신은 여전히 꿈 세상을 경험한다. 다만 그것의 어떤 면들을 조정하거나 영향을 주어 바꿀 수 있을 뿐이다. 게다가 자각몽 속 인물에 대해 다루는 장을 읽으면 알게 되겠지만 꿈 세상은 마음이 단독으로 설계한 개념적 장소가 아니다. 이에 대해서는 나중에 자세히 다루겠다!

전체적으로 자각몽은 놀라운 경험이다. 또한 당신은 감정, 기억, 정신이 자각몽 내에서의 경험에 영향을 줄 수 있고 실제로 준다는 사실을 깨닫게 될 것이다. 내가 이 책의 상당 부분을 무의식, 감정의 영향, 꿈의 상징적 속성을 설명하는 데 할애한 것은 바로 그 때문이다. 당신은 이 세 가지 주제 모두를 이해하고 있어야 한다. 이것들을 얼마나 잘 알고 있는가가 자각몽 경험에 굉장히 큰 영향을 끼치기 때문이다. 뿐만 아니라 당신은 꿈의 상징적 속성이 자각몽에서도 여전히 유효하다는 사실을 알게 될 텐데, 그렇기 때문에 상징을 이해하는 게 도움이 된다(이 책의 초반부를 읽는 것만으로도 당신은 이제 상징에 대해 상당히 많은 것을 알고 있는 셈이다).

이제 사람들이 자각몽에서 가장 먼저 경험하고 싶어하는 공통 분야 몇 개를 살펴보도록 하자. 그것은 육체 치유, 감정 개선, 꿈 여행, 모양 바꾸기, 영적인 가이드 받기다. 꼭 기억하라. 자각몽은 오롯이 당신만의 경험이니 무엇에 주력할 것인지는 본인이 선택할 수 있다.

기본 사항

당신이 아직 자각몽을 한 번도 꾼 적이 없다면 미리 알아두면 정말 도움이 되는 몇 가지 사항이 있다. 첫째, 꿈을 자각했을 때 그 자각을 유발한 이미지, 장소, 또는 사람은 여전히 그 자리에 있다. 자, 지금 꿈을 꾸고 있다는 사실에 당신이 이제 막 (소위) 눈을 떴다고 해보자. 주변에 무엇이 있는가? 그 시점에서 당신은 눈앞에 있는 바로 그 꿈 현실을 탐색해볼 수 있다. 이 장 첫 부분에서 소개한 날아다니는 꿈에서 내가 그러했듯이 말이다. 나는 그냥 흐름에 몸을 실었고 꿈이 펼쳐지는 대로 경험했다.

아니면 당신은 칠판을 싹 지운 뒤 의식적인 의도하에 꿈을 꿀 수 있다.

예를 들어, 깨어 있는 삶에서 도저히 풀리지 않는 문제를 해결하기 위해 자각몽을 꾸려 하는 사람이 있다고 해보자. 그럴 때 하늘을 나는 건 전혀 도움이 안 된다! 이럴 때는 우선 최대한 빨리 꿈을 안정시켜서 자각 상태를 오래도록 유지하는 게 도움이 된다. 그래서 당신은 자각몽 작업에 온전히 들어갈 수 있게 꿈을 안정화시킨다. 이 것은 앞에서 얘기했던 것처럼 발로 주의를 보내거나 자신의 꿈 육체를 차분하게 가라앉히면 된다. 아니면 "꿈이여, 진정하라"라고 말을 하거나 두 손을 비벼도 좋다. 자각몽에서 하는 말은 대단히 효과가 크기 때문에 자신에게 맞는 것을 신중하게 선택해서 사용하라!

그러면 꿈풍경에서 활성화되어 있던 심리적 투사물이 깨끗하게 사라진다. 루시드 드리머이자 작가인 로버트 웨거너Robert Waggoner는 훌륭한 방법을 소개하는데, 바로 "모든 생각 형상들은 썩 물러가라!"라고 말하는 것이다. 이 방법은 보다 높은 차원의 자기와 영에 대해 작업할 수 있도록 마음에서 심리적 투사물을 제거하는 게 목적이다. 간단하게 말해, 이렇게 하면 꿈풍경에는 마음이 투사한 것은 사라지고 오로지 영만이 남는다. (이 개념에 대해서는 자각몽 속 인물에 대한 장에서 본격적으로 다룰 것이다. 지금으로서는 응용 과정을 신뢰해주길 바란다.)

자각몽에서 생각의 투사물들을 깨끗하게 지워냈으면 자신의 의도를 꿈풍경에 선언한다. 의도를 생각해도 좋고 소리 내어 말해도 좋다. 필요한 만큼 많이 하거나 꿈풍경의 무언가가 바뀔 때까지 한다. 나는 주로 "이 꿈을 창조한 에너지여, 부디 나를 도와 _____ 하게 해주십시오"라고 말한 뒤 내 의도를 표현한다.

자각몽을 꾸는데 두렵거나, 무섭거나, 그냥 너무 벅차서 깨야 할 것 같다면 그저 '일어나겠다는 의지를 떠올리라.' "일어나"라고 말하거나 눈을 뜨는 데 집중해도 좋다. 나는 자각몽을 꾸는 중에 나를 종종 불안하게 만드는 강렬한 진동과 소리를 경험하고는(사실 불안할 필요가 없었는데) 깬 적도 있다. 연습을 하다 보면 자각몽을 경험하는 게 점점 더 편해질 것이다!

대부분의 열렬한 루시드 드리머들은 꿈에서 빨리 나오고 싶어 하지 않고 자각 상태를 계속 유지하고 싶어하는 게 오히려 문제다. 그렇긴 해도 '당신은 꿈에서 힘을 갖고 있으니' 필요한 만큼 사용하길 바란다. 당신은 그저 의지만으로 무엇이든 나타나게 만들 수 있다는 사실을 꼭 기억하길 바란다!

자각몽에서 치유하기

자각몽에서 자기 자신을 치유하고 그다음 날 아침에 몸에 신체적 변화가 생기거나 증상이 사라질 수 있을까? 내 경험도 그렇고 워크숍 참여자들의 경험도 그렇고, 의도를 아주 분명하고 꾸준히 지속할 수만 있다면 육체의 증상도 바꿀 수 있다. 로버트 웨거너와 에드 켈로그Ed Kellogg의 획기적인 자각몽 연구에 따르면, 꿈속에서 치유하고 그

다음 날 아침 신체적 변화가 생길 수 있느냐에 대한 답변은 그렇기도 하고 아니기도 하다이다. 모든 건 꿈꾸는 사람에 달려 있다.

두 사람의 연구에 따르면 자각몽에서 치유 작업을 적극적으로 하고 깬 뒤 고통스러운 증상이 줄어들거나, 치유 과정이 빨라지거나, 아예 문제가 완전히 사라진 경험을 한 사람도 있었다. 반면 치유 시도가 전혀 성공적이지 않았던 사람들도 있었다.

웨거너는 자각몽에서 질병을 치유하는 데 성공한 사람들은(혹은 일어났을 때 전반적으로 상태가 호전된 사람들은) 자각몽 안에서 다섯 가지 핵심적인 특징을 보였다는 것을 발견했다. 바로 치유를 향한 믿음, 기대, 집중력, 의도, 의지가 모두 적극적이었다는 것이었다.

이들을 묘사할 더 나은 수식어가 없어서 아쉽지만, 그들은 '성공하기 위해 뛰어든 것이다!'

성공한 루시드 드리머는 바로 그 자리에서 자기를 치유해줄 의사, 내면의 힐러, 또는 가디언을 꿈에서 만나는 경우가 많았다. 아니면 샘이나 바다 같이 치유를 상징하는 장소를 그리거나 물에 들어가는 상상을 했다. 한 사람은 심지어 유리잔을 하나 불러내어 그것을 치유 '약'으로 가득 채운 뒤 꿈에서 그 특효약을 벌컥벌컥 마셨다. 그리고 깨어났더니 몸이 훨씬 가뿐해졌다고 했다.

여기서 중요한 점은 치유에 성공한 모든 사람들은 꿈속에서 치유되었다는 점이다. 그들은 자신이 할 수 있다고 믿었고 실제로 그렇게 되었다. 또한 깨어 있는 삶에서 시도해볼 수 있는 비법이나 물건을 꿈에서 받지도 않았다(물론 이런 일이 일어나기도 한다. 이런 예는 뒷부분에서 소개한다.)

이것이 플라시보 효과라고 말하는 사람들도 있다. 설령 그렇다 하더라도(나는 그렇게 믿지 않지만!) 나는 육체적 질병 없이 일어나는 게 아픈 것보다 훨씬 낫다고 생각한다. 또한 나는 자각몽에서는 믿음이 가지는 힘이 훨씬 강하다고 생각한다. 이때 작업의 대상이 되는 건 육체적 몸 그 자체가 아닌 에너지 몸이기 때문이다.

또한 웨거너의 연구와 내 자체적인 꿈작업에서는 모두 끈기 있게 지속하는 것의 중요성을 강조한다. 꿈에서나 깨어 있는 삶에서나 어떤 것을 치유하려는 시도는 몇 번이고 한계를 정하지 않고 해보는 게 좋다. 호기심과 의욕을 갖고 자각몽이 자신을 어디로 인도하는지 잘 따라가 보기를 바란다. 건강에 도달하는 길은 여럿이고 자각몽은 하나 이상의 길을 제시해줄 것이다.

샤먼이 하는 대부분의 행위가 자각몽의 이러한 측면, 즉 '꿈을 통해 물리적 차원에 직접적, 의식적으로 영향을 끼칠 수 있는 능력'을 기반으로 한다. 형이상학적 용어로 이 현상을 설명하자면 이렇다. 당신이 치유되는 건 당신이 치유의 의도를 갖고 근원의 에너지와 하나 되기 때문이다. 당신은 물리적 세계가 (짐작했겠지만) 자신의 의도와 영적인 본질을 통해 바뀔 수 있다는 점에서 꿈과 다를 바 없다는 사실을 기억한다. 궁극적으로 고정된 건 아무것도 없다. 모든 건 변한다!

꿈꾸는 시간을 이용해 깨어 있는 삶에서의 목표에 한발 더 다가갈 수 있음을 보여주는 확실한 예를 또 하나 보여드리겠다. 당신이 바이올린이나 기타를 더 잘 연주하고 싶다고 해보자. 그러면 연주에 더 능숙해지도록 자각몽에서 연습을 할 수 있다. 그리고 이건 효과가 있다!

〈스포츠과학 저널〉(Journal of Sports Sciences)에 발표된 연구뿐 아니라 하버드에서 실시한 연구 역시 이것이 사실임을 증명한다. 가령 꿈에서 특정 운동 기능(걷기, 달리기, 점프하기)을 연습하면 깨어 있는 삶에서도 그 기능이 향상된다는 사실이 과학적으로 증명되었다. 게다가 깨어 있는 삶에서 동작을 연습하는 것만큼이나 효과도 좋다. 자각몽에서 기술을 연마하고 깨어 있는 삶에서 부쩍 성장하는 게 가능하다는 말이다. 이것이 함축하는 바가 얼마나 큰지 상상할 수 있겠는가?

가끔 자각몽에서 이렇게 활동적으로 뛰어다니면 엄청 피곤한 상태로 깨어나는 거 아니냐며 걱정하는 사람들이 있는데, 보통은 그렇지 않다. 대부분의 사람들은 기진맥진한 상태에서 깨어나지 않는다. 오히려 원기가 회복되고 잘 쉬었다고 느낀다. 물론 그렇지 않은 사람도 있겠지만 그렇다고 이 걱정이 자각몽을 꾸는 데 걸림돌이 되어서는 안 될 일이다. 본인에게 가장 잘 맞는 게 무엇인지는 본인이 알게 된다.

여기서의 핵심은 깨어 있는 현실과 꿈 현실은 서로 능동적이고 강력한 쌍방향 관계를 맺고 있다는 점이다. 자각몽은 이 두 현실 사이를 잇는 다리 역할을 하는 것이고, 당신의 의식적인 의도가 모든 걸 좌우한다. 내가 왜 당신을 의도적으로 꿈꾸는 사람이라고 부르는지 아시겠는가?

깨어 있는 삶에서 창조하거나 바꾸고 싶은 게 무엇인가? 어떤 부분에서 도움이 필요한가? 존재의 보다 신비로운 면면들과 적극적으로 교류할 의향이 있는가? 당신은 무엇이 필요한가? 자각몽에서 의도를 의도적으로 내면, 이 모든 질문에 대해 도움을 얻을 수 있다.

내가 하고 싶은 말을 생생하게 보여주는 훌륭한 꿈 경험 하나를 더 소개한다.

심한 건선을 앓고 있는 여성이 있었다. 10년 넘게 수없이 많은 검사를 받았지만 문제가 해결될 기미는 전혀 보이지 않았다. 자포자기한 채 이 만성 피부질환과 함께 살아가는 법을 배우던 그녀가 자각몽을 꿀 수 있게 되었다. 어느 날 밤 꿈에서 그녀는 자신이 꿈을 꾸고 있다는 사실에 '눈을 떴다.' 그녀는 자각몽 안에서 자신의 피부 문제를 해결하는 데 도움을 줄 수 있는 가이드를 보내달라고 요청했다.

순식간에(자각몽 안에서는 모든 일이 빠르다) 한 남자가 그녀 앞에 섰다. 그는 아무 말도 하지 않은 채 그저 작은 베개(pillow) 하나를 그녀에게 건넸다. 손바닥에 다 들어올 정도로 작은 베개였다. 이 미니어처 베개를 들여다보고 있자 그것은 그녀의 손바닥 안으로 녹아들어갔다. 하지만 녹기 직전, 베개 아랫부분의 모양이 상당히 희한하다는 사실이 그녀의 눈에 들어왔다.

꿈에 나온 베개의 모양을 외운 순간 그녀는 바로 잠에서 깼다.

일어나자마자 그녀는 침대에서 나와 작은 베개의 모양을 그렸다. 자각몽으로 건선이 사라지지는 않았지만(일어났을 때 건선은 여전히 존재했다), 이제 그녀에게는 유용한 정보가 있다. 가이드는 그녀에게 이 미니어처 베개를 주었다. 이게 무슨 의미일까?

생각을 거듭하던 그녀는 이 베개가 얼마나 상징적인가를 깨닫게 되었다. 그녀는 나으려면 알약(pill)을 먹어야 했다. 수년간 이 문제를 치료하기 위해 의학적 도움을 받아온 사람으로서 이 사실은 그렇게 새로운 것은 아니었다. 무슨 약? 그때까지 약은 그다지 효과가 없었다. 바로 그때 그녀는 상당히 이상했던 베개의 모양을 기억해냈다. 이런저런 조사 끝에 그녀는 그 모양이 페니실린의 화학 구조와 매우 유사하다는 사실을 알게 되었다. 이후 그녀는 자신을 도와줄 의사를 찾았고 한 달간의 집중 치료 끝에 건선은 사라졌다. 재발도 없었다.

이 예는 꿈 세상과 깨어 있는 삶이 맺고 있는 관계를 명료하게 보여준다.

당신은 자각몽 안에서 육체적 질병을 고치거나, 꿈에 나온 정보를 활용해 깨어 있는 삶에서 상황을 바꿀 수 있다. 모든 가능성을 샅샅이 살펴보기 전까지는 계속 시도하라!

자각몽을 통한 감정 해방

자각몽에서 얻을 수 있는 가장 큰 혜택 중 하나는 감정에 대해 작업하고 문제를 적극적으로 해결할 수 있다는 점이다. 이 과정에 도움을 줄 수 있는 간단한 연습 하나를 소개하자면, 다음에 자각몽을 꾸게 되면 현재 당신이 어려움을 겪고 있는 문제 또는 감정의 이미지를 불러내라. 그런 다음 이 문제를 어떻게 작업하면 되는지 가이드를 달라고 꿈풍경에 요청한다.

내 워크숍 수강생 한 명이 자각몽으로 해결하고 싶은 문제를 공유해주었다. 수년 전 그녀는 여동생과 심하게 싸워서 둘 사이에 대화가 완전히 끊긴 상태였다. 각자 모두 자신이 '옳다'는 입장을 강하게 고수했다. 두 사람이 전혀 굽히려 들지 않으니 자연스레 가족들은 모일 수가 없었다. 두 사람의 싸움은 가족 전체에 큰 균열을 일으켰다. 이로 인해 셸리(가명)가 느낀 분노와 화는 만져질 듯 생생했고 결국 이 분노는 쓰라림, 그리고 한때 돈독했던 자매애를 잃어버렸다는 상실감으로 번졌다. 그녀는 관계의 파탄으로 인해 심한 감정적 고통을 겪기 시작했으나 인정하려고 하지 않았다. 그래서 그녀는 이것에 대해 꿈을 꾸기로 했다.

자각몽에서 그녀는 꿈을 안정시키고 투사물을 제거한 뒤 이 문제에 대한 도움을 요청했다. 바로 그 순간 흰색 빛/에너지의 공이 그녀 앞에 나타났다. 뭘 해야 할지 몰라 그녀는 "제발 저를 도와주세요"라고 말했다. 공은 그녀 주변과 안팎을 맴돌다가 그녀가 가슴이라고 묘사한 곳(그런 다음 복부)으로 들어갔다. 그녀가 자신의 몸을 실제로 볼 수 있었던 것은 아니지만 말이다. 잠에서 깬 후 그녀는 마음을 짓누르는 무거움이 사라진 것을 느꼈다. 홀가분함을 느끼며 그녀는 동생에게 전화를 해서 화해의 손길을 내밀었고, 동생은 그 손을 잡았다.

보다 극단적인 경우를 들어보자면, 현재 PTSD(외상 후 스트레스 장애)가 자각몽을 통해 좋아질 수 있는지를 밝히기 위한 일련의 연구들이 나와 있다. 구체적으로 말하면, PTSD와 연관된 악몽들이 줄어드는지와 관련된 것이다. 연구는 대단히 긍정적인 영향을 시사하는데, PTSD로 고생하는 사람이 꿈을 자각하는 법을 배우면 감정적 건강과 개선을 향해 나아갈 수 있다는 걸 보여주고 있다. 이것은 주로 악몽을 대면하고 자각몽 내에서 풍경/이미지를 바꿈으로써 가능해진다. 가장 놀라운 것은 이 악몽들이 바로 그 순간부터 자연스럽게 일소되는 것처럼 보인다는 것이다.

PTSD와 상관없이 대부분의 악몽에서 우리는 무서운 그림자 인물을 만난다. 여기서 그림자 인물이란 당신을 두렵게 만드는 꿈속 사람, 이미지, 상황 등을 가리킨다. 우리가 자각몽에서 그림자 인물과 마주하면 더 나은 안녕과 개인의 성장을 경험할 수 있다. 이들은 대개 당신이 꼭 쥐고 있는 무의식적인 신념이나 억압한 기억, 다루기 힘들어하는 어려운 감정들을 나타낸다.

당신 정신의 그림자 인물과 작업하는 방법은 그들을 똑바로 마주하고 사랑과 친절로 그들을 포용하는 것이다(그들과 싸우면 안 된다). 자각몽에 있을 때 그저 고개를 돌려 그들과 마주하면 된다. 핵심은 그들을 사랑하는 것이고, 할 수 있다면 그들에게 말을 거는 것이다.

여기서 중요한 사실 하나, 그림자 인물을 마주하는 것은 정말 무서울 수 있다.

뵌^{Bön} 불교의 전통적인 자각몽 수행에서는 꿈꾸는 사람이 불 만지기와 같은 연습을 통해 꿈풍경의 핵심 요소를 먼저 숙달하지 않고는 특정한 꿈 인물들을 아예 마주할 시도도 할 수 없다. 이것은 꿈풍경의 그 어떤 것도 꿈꾸는 사람을 해칠 수 없음을 보여주기 위한 것이다. 이 태도를 꼭 명심하길 바란다. ─ 꿈의 그 어떤 것도 당신을 해칠 수는 없으나 어떤 경험을 하기 위해서는 일정 수준의 기량이 반드시 필요하다.

그림자 인물이나 어려운 감정, 충동 등을 작업하고 싶거든 먼저 자각몽을 능숙하게 다루는 사람이 되어야 한다. 다행스러운 점은 내가 이 책 앞부분에 설명했듯이, 일반몽 및 깨어 있는 삶에서 만나는 그림자적 충동 또는 그림자 인물을 다룰 수 있는 방식이 다양하게 존재한다는 점이다. 그림 일기, 대화 치료, 일반적인 꿈작업 등이 그 예다.

정기적으로 자각몽의 요소들을 쉽고 능숙하게 바꿀 수 있을 때, 당신은 자각몽을 통해 그림자 인물을 작업할 준비가 된 것이다. 자각몽에서 그림자를 통합한 내 경험을 들려드리겠다.

나는 좁은 길 같은 것을 따라 정말 기이하게 생긴 계단을 내려가고 있었다. 계단이 인간 뼈로 만들어졌다는 것을 알게 된 순간 나는 꿈을 자각했다. 갑자기 팔이 여기저기서 튀어나와 내 발목을 붙들기 시작했다. 나는 너무 놀라서 반사적으로 그것들을 떼어내려고 난리를 쳤다. 마침내 나는 이렇게 말했다. "나는 내가 꿈꾸는 중인 걸 안다. 너희가 날 진짜로 해치지는 못한다는 걸 알아!"

그러자 '팔들'이 사라졌고 나는 깊이 안도했다.

하지만 안심한 게 무색하게도 곧 매우 위협적으로 생긴 인물 두 명이 내 앞에 나타났다. 그들은 나를 향해 비웃기 시작했다(그리고 으르렁거렸다!). 나는 다시 같은 말을 했다. "나는 내가 꿈꾸는 중인 걸 안다. 너희가 날 진짜로 해치지는 못한다는 걸 알아!" 이때 나는 자각몽 안에서 정말 겁을 잔뜩 집어먹은 상태였다. 상황이 정말 진짜처럼 느껴지기 때문에 이런 종류의 꿈작업을 하려면 용기가 필요하다는 사실을 꼭 기억해주길 바란다.

나는 마음을 다잡았고, 그들이 나를 향해 다가오면서 하나의 거대한 위압적 인물로 변신하는 모습을 지켜봤다. 이 커다란 인물은 나에게 횡설수설 소리를 질렀다. 나는 그것이 나에게 오게끔 놔뒀다. 그리고 팔을 활짝 벌리고 이렇게 말했다. "나는 네가 상처 입은 걸 알아, 난 너를 사랑해." 바로 그 순간 그 형상은 아주 작아졌고 나는 그것을 들어 올려 가슴으로 가져와 안았다. 그 후 나는 자각을 유지하지 못했고 왠지 편안하고 충전된 느낌 속에서 일어났다.

당신은 필요하다면 꿈에서 언제나 깰 수 있고, 자각몽에서는 꿈 장면 전체를 완전히 다른 것으로 바꿔버릴 수 있다는 사실을 명심하길 바란다. (그저 꿈에서 "일어나!"라고 말하기만 하면 된다.) 그러니 상황이 약간 과하게 흘러간다 싶으면 당신의 힘을 사용해라. 그림자 인물을 작업하는 이유는 그들에게 사랑과 자비를 주기 위해서다. 실제로 당신은 울면서 깨거나 굉장한 안도감을 느끼면서 눈을 뜰 수 있는데, 당신만 그러는 게 아니다. 많은 사람들 역시 그러하다.

그 외에도 당신은 꿈풍경에 대고 현재 어려움을 겪고 있는 문제에 대해 얘기를 해달라고 요청할 수 있다(사실 나는 이렇게 해보기를 권한다.) 내가 알아야 할 것을 장면으로 보여달라고 꿈풍경에게 요청하기만 하면 된다. 이 작업은 높은 수준의 집중력과 주의가 필요한 편이기 때문에 여기서는 가능한 한 오래 자각 상태를 유지하는 것을 목표로 삼는다.

정신의 차원이 여럿이듯 자각몽의 차원 역시 다양하며, 당신의 의도가 자각몽을 바꿀 수 있고 실제로 바꾼다. 의도(와 주의)를 집중하면 당신은 자각몽에서나 깨어 있는 삶에서나 긍정적이고 강력한 결과가 돌아온다는 것을 알게 될 것이다. 우리가 더 높은 개인의 성장과 안녕을 향해 노력할 때 사실 우리는 전체 시스템과 함께 작업하는 것이다. 즉, 정신과 우리의 영적인 본질 말이다. 우리는 시스템을 없애거나 제거하지 않아도 되며 심지어 초월할 필요도 없다. 그저 나 자신을 신뢰하고 꿈을 잘 사용하는 법을 배우기만 하면 된다.

자각몽에서 특정 지역으로 여행하기

지금까지 자각몽에서 할 수 있는 일을 조금 더 유용하게 응용할 수 있는 실천법을 배웠으니 이제 꿈풍경에서 여행하는 것에 대해 살펴보자. 2장에서 나는 일반몽을 배양하는 방법을 설명했다. 자각몽을 배양하는 과정은 일반몽일 때보다 약간 더 길다. 물론 당신이 이미 능숙하게 자각몽을 꾸는 사람이라면, 꿈에서 의도와 의지만 잘 쓰면 다른 곳으로 얼마든지 여행할 수 있다는 것을 잘 알고 있을 것이다. 멋진 일이다!

하지만 여전히 초급자라면 낮 동안 자각몽에 대한 의도를 세우는 게 도움이 될 수 있다. 꿈에서 경험하고 싶은 내용에 마음과 의식의 초점을 정확히 맞춰두는 게 중요하다. 의도를 반복하면 구체적인 자각몽을 꿀 가능성이 높아진다. 이 배양 과정은 꿈에서 멋진 곳으로 여행하고 싶을 때만 쓰는 게 아니다. 어떤 자각몽 경험을 원하든 언제나 사용할 수 있다.

처음 시작은 낮 동안 의도를 세우는 것이다. 다시 한 번 말하지만 여기서 중요한 것은 단어 선택이다. 하루 동안 의도를 몇 차례 직접 써보는 것을 추천한다. 당신은 이렇게 쓸 수 있다(혹은 말할 수 있다). "나는 오늘 자각몽을 꿀 것입니다. 내가 꿈을 꾸고 있다는 사실을 자각하면 나는 _____로 여행을 갈 것입니다." 빈칸에 가고 싶은 장소를 넣으면 된다.

가령 자각몽에서 이집트와 피라미드를 보고 싶다면 그에 걸맞은 의도를 세워야 한다. 의도를 예로 들어보면 "나는 오늘 밤 자각몽을 꿀 것입니다. 내가 꿈을 꾸고 있다는 사실을 자각하면 나는 이집트에 있는 피라미드를 방문할 것입니다." 어떤 단어로 문장을 만드느

나 혹은 의도를 표현하느냐에 따라 자각몽이 달라질 수 있으므로 단어 사용이 아주 정확해야 한다.

예를 들어 의도를 다음과 같이 표현했다고 해보자. "나는 이집트의 피라미드를 봅니다." 그러면 당신은 자각몽에서 여행 잡지를 들어 표지에 있는 피라미드를 볼 수 있다! 요컨대 자각몽을 배양하긴 했지만 원하던 결과를 경험하지는 못하는 것이다. 그러니 다시 한 번 말하지만 단어 선택이 중요하다. 가능한 한 구체적이고 간결하게 표현하라. 나 역시 다소 애매모호한 의도를 갖고 자각몽을 배양한 적이 많고, 전 세계 다른 루시드 드리머 역시 마찬가지다! 기억하라, 자각몽은 직접 경험을 통해 하나씩 깨달아가는 과정이기 때문에 어느 정도의 열린 마음과 이해심이 필요하다. 그래도 장점은 꿈 배양에 일단 성공하면 원하는 대로 얼마든지 반복해서 할 수 있다는 점이다.

꿈에서 여행을 하겠다는 목적하에 정확한 단어로 의도를 표현했다면 이제 꿈을 자각할 것임을 스스로에게 상기시킨다.

잘 준비가 되면 체계적인 이완을 통해 몸과 마음을 차분하게 진정시킨다. 그런 다음 경험하고 싶은 꿈 장면을 심상화하면서 의도를 반복한다. 이집트의 예를 들어보자면, 자신이 피라미드 앞에 서 있는 모습을 심상화한다. 주변에 펼쳐진 사막 모래를 온몸으로 받아들인다. 피부에 닿는 열기를 느낀다. 바람이 머리를 스치고 눈앞에 피라미드가 보인다. 그런 뒤 자신이 꿈을 자각하는 순간을 상상한다. 이 심상화 과정에 원하는 리얼리티 체크를 포함시켜도 좋다. 가능한

한 오래 심상화를 유지하라. 이렇게 하면 꿈에서 자각할 확률이 높아진다! 이 연습은 당신이 잠들기 전에 마음이 그 경험을 하도록 훈련시키는 것이다.

이 과정을 잠에 들기 전까지 반복하면 된다. 일반몽 배양과 마찬가지로 자각몽도 배양될 때까지 끈기를 갖고 계속하라. 과정을 음미한다는 생각으로 가볍게 접근하면 훨씬 쉽게 즐거운 경험을 하게 될 테니 이 점을 꼭 잊지 마시라!

일단 꿈에서 깨어나면 꿈풍경에서 어떠한 제약도 없이 모든 것을 탐색할 수 있다. 가령 피라미드를 걸어서 통과할 수도 있고, 그 위를 날아다닐 수도 있으며, 심지어 주위에 있는 사람들에게 말을 걸 수도 있다. 한 장소를 원하는 만큼 여러 번 경험할 수 있다는 사실도 기억해두면 도움이 된다. 일례로 1920년대 이집트로 가겠다고 요청할 수 있다. 가능성은 상상력이 뻗어가는 대로 무궁무진하다. 그런 뒤 만일 제대로 된 '아하' 순간을 정말 경험하고 싶다면 일어나서 꿈꾸었던 것을 조사해보라. 특정 상형문자나 유적 또는 이미지를 봤다면 인터넷에서 검색해보고 꿈에서 본 것과 얼마나 정확한지 확인해보라. 아마 분명 놀랄 것이다!

자각몽에서 변신하기

자각몽을 '나는 분리된 존재다'라는 인식을 넘어서기 위한 일종의 수행으로서 사용한다면, 당신은 대단한 것을 발견하게 될 것이다. 당신은 자신이 내면의 비물질적 정수와 어떤 관계를 맺고 있는지 경험하게 된다. 잠에서 깨면 '나란 누구인가'와 '현실이란 무엇인가'에 대해 갖고 있던 신념과 전제들에 대해 의문을 갖기 시작할 수도 있다.

또한 당신은 자각몽에서 다른 것으로 변신할 수도 있다. 자신의 형상을 바꿀 수 있다. 날아다니는 새, 식물, 심지어 다른 성별이나 인종의 사람이 될 수 있다. 샤먼은 깨어 있는 삶에서도 다른 존재로 변신할 수 있다고 말한다. 나도 이에 동의한다. 하지만 슬프게도 나는 아직 깨어 있는 삶에서 고양이로 변신하지를 못했다! (어느 현실에서든) 동물로 변신하는 게 당신에게는 너무 큰 비약이라 상상하기조차 어렵다면 이렇게 생각해보는 건 어떨까.

당신이 아팠다가 건강을 되찾았다고 하자. 이때 일어난 일은 무엇인가? 당신은 한 상태에서 다른 상태로 이동했다. 형상이 달라졌다. 에너지가 변형되었다. 연금술을 하듯 질병을 건강으로 바꾸었다. 나이가 들면 어떤 일이 벌어지나? 몸이 한 형상에서 다른 형상으로 변한다. 몸은 생물학적인 과정에 따라 저절로 달라지는 것이지만, 자각몽에서는 이러한 변신을 의식적으로 한다. 당신은 '자각몽' 속 몸을 변신시키는 것이며, 이것은 순식간에 일어날 수 있다.

자각몽에서 변신이 어떤 느낌인지 예로 설명해드리겠다.

나는 꿈속에서 깨어났다. 꿈풍경에서 모든 심리적 투사물을 제거한 뒤 나는 강이 되기로 했다. 그 순간 나는 물과 연결되었다. 내가 물이었다. 그 생생했던 느낌은 정말 형용하기가 어렵다. 하나됨의 감각이 몰려들어 나를 압도했다. 물에서 맥동하는 생의 감각과 순전한 감정에 나는 잠에서 깼다.

꿈 집중수행 참가자였던 벤(가명)의 예를 하나 소개해드리겠다.

"나는 꿈속에서 깨어났습니다. 꿈을 안정시키는 방법들을 실천하면서 나는 내내 침착함을 유지하기 위해 노력했습니다. 제 노력이 힘을 발해서 이번에는 잠에서 깨지 않았습니다(이게 저에게는 새로운 분기점이기도 했습니다). 그런 뒤 '나는 사자다'라고 외쳤습니다. 외침과 동시에 나는 사자로 변했습니다. 이 동물로서 살아가는 게 어떤 느낌인지가 온몸으로 다가왔습니다. 말로는 이 엄청난 경험을 설명할 길이 없습니다. 나는 완전히 흥분한 채로 잠에서 깼습니다! 사자로 살아가는 게 어떤 것인지 경험하고 완전히 감동한 저는 전 세계 대형고양잇과 동물들의 구조를 전문으로 하는 야생동물 비영리단체 Panthera.or에 매월 기부금을 내기로 결심했습니다."

당신이 통합, 경험, 겸손의 의도를 담아 자각몽을 꾼다면 당신은 생명의 네트워크 내에서 자신이 어느 위치에 서 있는지 뿐만 아니라 모든 다른 존재와 생명체의 자리까지도 알게 될 것이다. 인생의 분기점이 될 만큼 인상적인 자각몽을 경험하면 깨어 있는 삶이 왜인지 바뀐 것 같다는 깨달음이 거의 대부분 뒤따라온다. 자신이 어떤 식으로든 달라졌으며, 의도적으로 꿈을 꾸고 그에 따라 행동을 취하면 얼마든지 삶을 바꿀 수 있다는 사실을 알게 되는 것이다.

꿈을 꾸는 데 능숙해질수록 미지의 공동空洞으로 도약하기가 더욱 쉬워진다. 그리고 그렇게 도약하면 판단분별과 분리감은 내려놓은 채 더 큰 그림을 경험할 수 있다. 자각몽에서 다른 모습으로 변신하는 것은 바로 그것의 본질이 되는 법을 배우는 것이다. 그것(또는 동물이나 요소들)을 나의 외부에 있는 타자로 경험하는 게 아니다.

만일 그렇게 타자로 경험하게 되면, 판단분별과 세상을 바라보는 좁은 인식이 '정상성' 범주에 부합하지 않은 경험들을 무시하게 되므로 개인의 발전에 지장을 준다. 어떤 꿈작업을 할 때든 자기 자신을 완전히 믿고 직접 체험해야 하며, '어떤 느낌이겠지' 하는 선입견 없이 열린 마음으로 진심을 다해 탐색해나가야 한다.

실전 연습: 자각몽의 결과에 대한 통제욕구 내려놓기

지금까지 자각몽 꾸는 법을 실컷 배웠는데 이제 와서 자각몽에서 일어나는 일을 통제하려는 욕구를 내려놓으라는 게 말이 안 된다고 생각될 수도 있다. 하지만 이것은 보다 직관적으로 자각몽을 경험하는 방법으로서, 꿈에 완전히 자신을 맡겨 꿈이 펼쳐지는 대로 따라가 보는 것이다. 자각몽을 한편으로는 관찰자 입장에서, 다른 한편으로는 적극적인 참여자로서 경험하는 방법이다.

내면으로 들어가는 과정은 더 높은 자기실현을 위해 통제를 포기하는, 여러 면에서 역설적인 행위다. 꿈에서 자신이 무엇을 경험할 것인지 확정해버리거나 과도하게 통제하지 말라. 당신이 꼭 가야 하는 여정으로 꿈이 당신을 데려가게 그저 맡기면 된다. 이런 식으로 자각몽을 경험하면서 당신 앞에 무엇이 나타나든 그저 지켜보라. 근본적으로 사람은 자기가 모든 걸 통제해야 한다고 생각한다. 하지만 결과를 통제하려고 애쓰는 것을 멈출 때 우리는 통제 욕구를 내려놓게 되고, 그 속에서 우리는 '직관적이고 수용적인 나'를 만나게 된다.

내맡기기 연습: 내가 알아야 할 것을 보여주세요

1단계: 자각몽을 꿀 때 나는 안전하고, 보호받을 것이며, 마음이 편안할 것이라고 의도를 세운다. 내가 알아야 할 것들이 꿈에서 보일 것이라고 생각한다.

2단계: 꿈을 자각하면 필요에 따라 꿈을 안정시킨 뒤 꿈풍경에서 보이는 것들을 탐색해 나간다. 꿈풍경에 대고 "내가 알아야 할 것을 보여주세요"라고 외쳐도 된다.

3단계: 그런 뒤 외국에 놀러온 관광객처럼 꿈을 여행한다. 꿈 속의 길이 자기를 어디로 데려가는지 지켜본다. 원한다면 언제든 잠에서 깰 수 있고 꿈을 다 바꿔버릴 수도 있다는 사실을 언제나 명심한다. 너무 벅차다는 느낌이 들면 자각몽 안에서 눈을 감아도 된다. 보통 이렇게 눈을 감는 건 잠에서 깨는 데 효과가 있다. 아니면 "일어나!"라고 소리쳐도 된다.

4단계: 꿈에서 꿈 요소들이 유기적으로 나타나는 대로 교류한다. 주관식 질문을 하고 답에 귀 기울인다.

5단계: 준비가 되면 꿈에서 깬다. 자각몽 경험을 종이에 적는다.

6단계: 자각몽을 해석해봐야겠다는 느낌이 들면 다음의 질문을 스스로에게 던진다. 첫째, 이 꿈은 내가 육체적 삶과 영적 삶 사이의 균형을 잡는 데 어떻게 도움이 될 수 있는가? 둘째, 나에게 도움이 될 만한 심리적 통찰과 직관적 통찰로는 무엇이 있을까? 마지막으로, 내 삶이나 다른 사람의 삶을 더 좋게 만들기 위해 내 꿈을 바탕으로 행할 수 있는 의식적 행동이 있을까? 있다면, 내가 밟아야 할 다음 단계의 행동은 무엇인가? 가이드가 더 필요하다면 그것에 대해 생각하며 잠에 든다.

10장

자각몽의 힘으로 깨어 있는 삶에서 창조하기

영감을 일깨워주는 연설가이자 작가인 에스더 힉스Esther Hicks는 자신의 작업을 통해 현실, 우리의 꿈에 영향을 주는 '깨어 있는 삶'이라는 현실의 본질에 대해 근원적인 설명을 제시한다. 그 핵심 메시지는 이렇다. — 진동을 관리할 수 있게 되면 우리는 깨어 있는 삶을 우주와 함께 공동으로 창조할 수 있다. 이 말은, 즉 생각에 힘이 있다는 뜻이다. 우리의 감정과 생각은 우리의 에너지에 영향을 끼친다. 그리고 우리의 에너지는 진동을 내보낸다. 그리고 우리가 그렇게 내뿜는 진동은 우리가 겪고 있는 경험(좋은 것, 나쁜 것, 추한 것)들을 끌어온다.

힉스에 따르면, 사람은 자신이 경험하고 싶어하는 것 및 최선의 상태와 진동이 일치하든가 아니면 그것에 저항하든가 둘 중 하나이다. 이토록 간단하다. 진동을 바꾸면 경험도 바뀌기 시작한다. 이것이 많은 현대 뉴에이지 스승들이 '끌어당김의 법칙' 또는 깨어 있는 삶에서 현실을 창조하는 능력이라고 부르는 것의 원리다. 나는 현실창조의 역동이 그렇게 일차원적이라고 생각하지는 않지만, 깨어 있는 삶에서 경험이 현실화되는 속도를 자각몽이 더 빠르게 촉진시킨다는 것을 알게 되었다. 그리고 나는 실제로 이것이 진동의 에너지가 바뀌었기 때문이라고 생각한다. 힉스가 얘기하는 것과 똑같이 말이다.

이 믿음은 사실 새로운 게 아니다. 고대부터 내려오던 것이다. 모든 사물에 영혼이 있다고 믿는 애니미스트Animist들은 에너지를 바꾸면 세상을 바꿀 수 있다고 믿는다(그들은 또한 세상 만물에는 생명력 또는 에너지의 파동이 존재하므로 모든 것을 존중해야 한다고 생각하는데, 나는 이 말에 전적으로 동의한다). 샤먼도 깨어 있는 삶을 바꾸기 위해 자각몽을 자주 사용했다. 물론 그들이 '현실창조'라는 말을 사용했을 것 같지는 않지만 말이다. 유대교 신비주의 경전인 《조하르Zohar》 역시 보이는 세계와 보이지 않는 세계가 서로 주고받는 역동적인 영향에 대해 설파한다.

당신도 이제 알겠지만 자각몽에 능숙해질수록 꿈풍경에서 아주 구체적인 경험을 창조하는 일이 점점 쉬워진다. 어떤 것이든 말만 하라. 당신은 그것을 경험해볼 수 있다. 그리고 치유 꿈에서 살펴보았듯이 꿈풍경의 요소를 바꾸면 깨어 있는 삶도 달라질 수 있다.

힉스의 말을 빌려 표현하자면, 자각몽 안에서 당신은 진동을 바꿀 수 있다. 그리고 이 말이 핵심인데, 만일 잠에서 깨서도 그 진동을 계속 유지할 수 있다면 당신은 원하는 경험이 자신에게 다가오도록 일종의 신호를 보낼 수 있다.

가령 당신이 집을 사고 싶은데 아직 그럴 만한 능력이 안 된다고 해보자. 그러면 집을 사겠다는 의도를 갖고 구체적인 내용의 자각몽을 배양한다. 자각몽을 통해 당신은 첫 집을 사면 어떤 느낌이 들지를 알게 된다. 이때 자각몽의 주요 목표는 그 집을 샀을 때 실제 느껴지는 들뜬 느낌을 경험하는 것이다.

잠에서 깨면 이제는 그 느낌(진동)에 보다 정확하게 초점을 맞춰서 느껴본다. 이렇게 하면 당신이 원하는 것과 하나로 연결되는 데 큰 도움이 된다. 즉, 현실에서 더 빨리 집을 사는 상황을 당신이 공동 창조할 수 있게 된다.

당신은 꿈에서 원하는 모든 것을 현실화시킬 수 있다. 이 연습을 해야 하는 이유는 두 가지다. 첫째는 꿈을 꿀 때 자발적으로 튀어나오는 상징이 있는지 확인하기 위해서다. 만일 있다면, 그것은 대개 깨어 있는 삶에서 목표를 성취하는 데 도움이 되거나 방해가 되는 것이 눈앞에 나타났다는 뜻이다. 발전을 막는 무의식적인 신념이나 자기가 자기 발목을 잡는 습관 같은 것 말이다. (이 부분에 대해 더 자세하게 설명하는 실전 연습을 이 장 끝부분에서 확인할 수 있다.)

자각몽에서 현실화하는 연습을 실제로 해봐야 하는 두 번째 이유는, 창조하고자 하는 것이 발산하는 진동의 본질을 보다 자세히 알 수 있게 되기 때문이다. 일단 그 진동이 어떤 느낌인지 감이 잡히면 깨어 있는 삶에서 바로 그 진동 자체가 '될' 수 있다. 자각몽에서 사자로 변신한 것처럼 말이다. 사실상 변신한 그 기간 동안 당신은 그 진동이다.

힉스가 말하는 것처럼, 우리는 진동을 통해 에너지적으로 매칭이 되는 유형의 경험을 불러들인다(꿈을 꿀 가치가 있는 경험과 그렇게 좋지 않은 경험). 다시 한 번 말하지만, 당신은 자신이 바라는 것과 진동이 일치하거나 그것에 저항하거나 둘 중에 하나다. 그렇게 간단한 일이다. 진동을 정돈하면 당신이 경험하고 싶은 일은 반드시 당신에게 온다.

그런데 왜 이걸 모르는 사람들이 더 많을까? 그 이유는 상대적으로 최근(90년대 후반)까지만 해도 자각몽이 서구에서는 딱히 잘 알려지지 않았기 때문이다.

그렇다면 그전까지 이 위대한 비밀 꿈클럽의 열쇠를 갖고 있었던 사람은 누구일까? 힌두교, 샤머니즘, 불교와 같은 고대 종교와 영성학파들이다. 이들은 대부분 이 지식을 구두 전승의 전통에 따라 오직 구술을 통해서만 대대로 전달했다. 그러니 고대로부터 내려오는 이 지식을 전수받을 수 있는 계보에 속한 사람이 아니라면 자각몽에 대해 들어보는 건 거의 불가능한 일이었다.

비밀스런 꿈클럽의 문을 연 황금 열쇠

뵌 불교의 텐진 왕걀 린포체는 기존의 노선에서 완전히 벗어나, 자신이 알고 있는 자각몽 지식을 서구에 알리기로 결심했다. 이에 그는 1998년, 《티베트 꿈과 잠 명상》*을 출간했다. 그때까지만 해도 동양에서 자각몽 수행은 대부분 비밀리에 전승되었다(심지어 동양에서도).

이 꿈 지식이 왜 그전까지 공개적으로 전파되지 않았는가에 대해 그는 책에서 다음과 같이 말한다.

"이 가르침이 전통적으로 비밀에 부쳐졌던 까닭은 경외심의 발로이기도 했고 준비가 안 된 수행자들의 오해로 인해 가르침이 희석되는 것을 보호하기 위함이기도 했다. 이 지혜는 공개적으로 전수된 적도 없고, 가볍게 전달되지도 않았다. 이것은 가르침을 받을 준비가 된 자들에게만 주어졌다."

이 책에서 그는 이 지식을 공개하기로 한 것은 세상의 조건들이 달라졌고 새로운 길을 시도해볼 때가 되었다고 생각했기 때문이라고 했다. 이전까지 비밀로 지켜왔던 지혜를 집단의 선을 위해 크게 마음을 내어 세상에 내놓은 것이라 하겠다.

역사적으로 자각몽을 꾸는 방법에 대한 지식은 대개 힐러, 여성 치유자(medicine women), 성스러운 자(holy people) 또는 소수의 샤먼들만을 위한 것이었다. 즉, 한 발은 비물질 세계에, 다른 한 발은 물질 세계에 걸친 채 동시에 존재할 수 있는 재능을 타고난 특별한 사람들만이 그 지혜를 누릴 수 있었다.

하지만 나는 우리 모두에게 그 재능이 있다고 생각한다. 어쨌든 우리 모두 꿈을 꾸지 않는가? 대부분의 사람들이 영을 지각하는 법을 잊어버리고 만 건 그렇게 길러졌기 때문이다. 우리는 영과의 연결

★ The Tibetan Yogas of Dream and Sleep

을 차단해버리도록 조건화되었다. 그것이 우리가 성장하면서 주입받은 신념에 부합하지 않는다는 이유로 말이다. 그래서 많은 사람들이 자기 외부의 매체를 통해서만 영과 만날 수 있다고 믿는다. 하지만 꿈은 그게 사실이 아님을 보여준다.

꿈은 보편적이다. 꿈은 당신이 돈이 얼마나 많든, 성별이 무엇이든, 인종이 무엇이든, 어떤 관계를 맺고 있든 전혀 상관하지 않는다. 꿈은 본래적인 것으로서 외부 조건을 충족해야 꿀 수 있는 게 아니다. 우리 모두는 꿈을 꾸는 매일 밤 하루도 빼놓지 않고 영과 연결된다. 꿈은 우리가 이런 식으로 모두 연결되어 있음을 기억할 수 있는 가장 직접적이고 개별화된 방법 중 하나다. 그러니 당신에게 붙은 타이틀이 무엇이든, 즉 당신이 여성 치유자든 변호사든, 꿈을 꿀 때의 당신은 그저 자신의 비물질적 정수이다. 자각몽은 우리 모두가 꿀 수 있는 것이며, 기분 좋은 삶을 창조하는 것 역시 우리 모두가 할 수 있는 일이다!

실전 연습: 나는 내 꿈이 실현되고 있음을 안다

이 연습에서는 삶에서 긍정적인 경험을 창조하고 싶을 때 어떻게 의식적인 의도를 갖고 꿈을 꾸어야 하는지 그 방법을 알려주겠다. 시작하기 전에 당신이 반드시 알아야 할 핵심 요소가 두 개 있다. 첫째, 고대의 많은 꿈 수행법에서는 꿈 세상을 바꾸면 그에 따른 카르마가 발생한다고 말한다. 그러니 꿈속에서 높은 도덕성과 윤리성을 견지하는 게 현명하다. 당신이 사랑하고 존경하는 사람 앞에서 하지 않을 일은 꿈 세상에서도 하지 말아야 한다.

둘째, 힉스를 비롯한 다른 많은 영적 믿음 체계에 따르면 비물질 세계 혹은 영의 본질은 순수한 사랑의 에너지 혹은 긍정적 에너지다. 하지만 당신이 자각몽을 꿀 때는 영과 '당신의 정신이' 함께 관여한다.

그러니 꿈에서 무언가가 튀어나왔는데 그게 순수한 사랑의 에너지가 아닌 것처럼 느껴진다면, 자신이 경험하고 있는 것이 과연 무엇인지 알아차려야 한다. 대부분 그것은 당신 내면에서 일어나는 일이 외부로 표현된 것이다. 당신 본인의 정신에서 유래된 일종의 상징적 투사다. 다시 말해, 당신의 에고와 감정이 영을 명료하게 인식할 수 있는 통로를 막고 있다는 뜻이다. 일반몽에서처럼 말이다.

나는 내 감정이나 생각이 꿈풍경에 영향을 준 자각몽을 많이 경험했는데, 이 책 전반부를 읽으며 당신도 알게 되었겠지만 자신의 감정, 기억, 경험은 꿈에 영향을 끼칠 수 있고 실제로 끼친다. 솔직하게 터놓고 말하자면, 자각몽에서 감정이나 억눌린 기억 또는 숨은 신념을 예상치 못하게 마주치면(혹은 예상해도) 가끔은 정말 깜짝깜짝 놀란다!

가령 예전에 꾼 한 자각몽에서 나는 꿈을 안정화시키고, 투사물에게 모두 사라지라고 명한 뒤, 삶에서 창조하고 싶은 것을 의도로 세우고 의식적으로 꿈꿀 준비를 했다. 모든 게 별 탈 없이 잘 진행되고 있었는데 난데없이 바닥이 푹 꺼지는 바람에 나는 아래로 추락하고 말았다! 이런 게 정말 생생하게 느껴진다는 사실을 꼭 기억해주길 바란다.

꿈풍경의 예상치 못한 전환에 소스라치게 놀란 나는 잠에서 깼다. 바닥이 꺼지는 것은 내게 무척 의미 있는 상징이었다. 삶에서 내가 딛고 서 있던 토대가 약하다는 뜻이었기 때문이다. 나는 나 스스로와 내가 창조하던 것에 대한 신뢰를 더 키워야 했다. 게다가 꺼지는 바닥은 순수한 사랑의 에너지처럼 느껴지지 않았다. 그것은 내 정신에서 유래된 상징이었다.

대개 예상치 못한 꿈 상징(사람이나 경험 같은 것)은 감정, 신념 또는 무의식적 패턴이 지닌 정신적 에너지를 그대로 흉내 낸다. 그래서 이 상징들이 강렬하고 자극적인 이미지로 당신을 '짜증 나게' 하는 것이다! 가령 당신이 무언가를 계속 억누르고 살았다면(깨어 있는 삶에서 당신이 원하는 것을 현실화하거나 창조하는 것을 막을 정도로 심하게 억눌렀다면), 그 억압을 표상하는 꿈 상징은 당신에게 어마어마하게 큰 감정을 불러일으킬 것이다.

어쩌면 당신은 집을 창조하고 싶은 마음이 있지만 동시에 내적으로 '집' 하면 떠오르는 부정적인 감정이 있을 수 있다. 유년 시절에 한 곳에 뿌리내리지 못하고 불안정하게 집을 옮겨 다녔다고 해보자. 만일 당신이 아무런 걸림 없이 앞으로 나아가고 싶다면 우선 계속 회피하고 있던 감정을 직면해야 한다. 어떻게 보면 정신이라는 집을 대청소하고 나서야 비로소 깨어 있는 삶에서 아름다운 집을 현실화할 수 있다. 그리고 이 대청소는 깨어 있는 삶에서도, 자각몽에서도 할 수 있다!

다시 한 번 말하지만, 당신이 감정적으로 강하게 묶여 있는 대상은 꿈에서 강렬하고 위압적인 상징으로 나타나기 마련이다. 꿈 상징은 생긴 모습만으로 사람을 기죽이든, 강렬한 경험을 선사하든, 그 성격이 완전히 압도적이거나 아니면 아예 너무 왜소해서 뭔가 맞지 않는다는 느낌을 주기 때문에 시선이 가게 되어 있다. 그 존재감이 관심을 가질 수밖에 없게 만든다. 이런 종류의 상징들이 대개 극단적인 까닭은 우리가 그것을 중심으로 쌓아 올린 에너지가 극단적이기 때문이다. 그래서 그 여파가 잠으로까지 이어진다.

이런 일은 내가 아는 꿈꾸는 사람들 거의 모두가 겪는 것이므로 염려할 거리가 아니다. 그저 자각몽을 꿀 때는 본인의 감정, 생각, 무의식적 동기, 욕구, 즉 에너지 진동에 영향을 끼치는 바로 그 대상들을 꿈에서 정면으로 마주하게 될 가능성이 대단히 크다는 사실만 인지하고 있으면 된다.

이것들은 꿈 인물, 풍경, 상징의 형태로 나타날 수 있다. 쉽고 편안하게 경험될 때도 있지만 다소 강렬한 반응을 일으킬 때도 있다. 모든 것은 당신의 개인사와 삶의 경험, 그리고 현재 당신이 삶에서 창조하고자 하는 것에 달려 있다.

'꿈은 꿈꾸는 사람에 맞춰 달라진다'라는 사실을 꼭 명심해주시기를. 정말 중요한 점이다. 당신의 꿈은 당신에게 맞춰 달라질 것이다! 꿈은 당신을 좋은 길로 안내하기 위해 당신이 반드시 봐야 하는 것을 콕 집어서 보여준다. 좋은 길로 나가는 게 당신의 의도이기만 하다면 말이다. 당신이 깨어 있는 삶에서 현실화하려고 노력하는 게 있다면 특히나 꿈은 필요한 것을 보여준다.

너무 강렬한 감정이나 지배적인 생각은 꿈으로까지 따라오는데, 그것이 깨어 있는 삶에서 무엇을 의미하는지 충분히 시간을 들여 조사해보는 건 심리적 관점에서 정말로 가치 있는 일이다. 이렇게 해서 짊어지고 있는 감정적 짐을 털어버리면 기분이 훨씬 좋아질 것이다.

다시 한 번 중요한 사실 하나를 짚고 넘어가자면, 자각몽은 물질 세계와 비물질 세계의 균형을 맞추는 작용이다. 자각몽에서 약간 놀랄 만한 것을 보았다면 당신이 할 수 있는 일은 세 가지다.

첫째, 꿈풍경을 그냥 바꾼다. 당신이 꿈풍경을 바꾸겠다는 의지만 표명한다면 꿈은 변한다. 둘째, 잠에서 깬다. 셋째, 꿈 인물이나 상징을 용감하게 마주한다. 당신이 이루고 싶어하는 일과 관련해 "나에게 해주고 싶은 말이 무어냐"고 그 인물이나 상징에 대고 직접 물어볼 수 있다.

집주인이 되고 싶어하는 앞의 예를 가져와보자. 당신은 자각몽 배양에 성공해 그 바람이 그대로 현실화된 장면을 경험하게 되었다. 자, 이제 꿈에서 당신은 새집 앞마당에 서 있고 부동산 중개업자로부터 이제 막 열쇠를 건네받으려 하는 참이다. 그런데 갑자기 덩치가 산만 한 포악한 개가 불쑥 달려든다. 개는 당신을 향해 이빨을 드러 내며 사납고 맹렬하게 짖는다! (만일 이 시점에 잠에서 깨지 않는다면 자각 상태를 계속 유지해야 한다는 사실을 기억한다.)

이 경우 개는 당신이 의도적으로 경험하려고 했던 게 아니다. 당신은 그 집을 사면 얼마나 기분이 좋을까를 맛보고 싶었다! 개는 꿈풍경에서 난데없이 자발적으로 나타난 상징이다. 보통 꿈에서 만 나는 방해물이나 침입자는 당신 정신의 투사물이다. 다시 말해, 당신 이 현실화하고 싶어하는 것에 영향을 주고 있는 생각, 감정, 기억(의 식적인 것과 무의식적인 것 모두)이다.

이 시점에서 당신은 둘 중 하나를 선택할 수 있다. 꿈 상징과 교류하거나 "사라져라!"라고 간단하게 명령하거나. 어느 쪽이든 그 순간에 당신은 개와 맞서 대응할 수 있다. 소리를 질러도 된다. 개에 게 그만 짖고 내 말을 들으라고 말할 수도 있다. 깨어 있는 삶에서 개 가 달려들 때 그러는 것처럼 낮고 위엄 있는 목소리로 "멈춰!"라고 명령한 뒤 개에게 왜 여기 있느냐고 물어볼 수도 있다.

개의 대답은 아무 의미가 없을 수도 있고 반대로 자명하거나 명쾌할 수 있다. 만일 답이 자명하다면, 꿈에서 깬 후 개가 준 답을 해석해서 그 내용에 대해 작업해보는 것도 방법이다.

사나운 개는 본인의 분노(감정적 고통)나 집을 소유하는 것과 연 관된 남모를 두려움이 투사된 것일 가능성이 크다. 둘 중 어느 쪽이 든 개는 두려워할 필요가 전혀 없는, 사실상 유익한 꿈 인물이다. 물론 꿈속에서는 정말 무섭게 느껴졌겠지만 말이다. 만일 도움이 되는 답을 얻었다면 당신은 개에게 감사 인사를 전하고 가던 길을 계속 가라고 보내주면 된다.

개는 당신 내면에 있는 무언가를 상징한다. 개는 순수하고 긍정적인 에너지처럼 느껴지지는 않으므로 영의 선명한 반영은 아니다. 순수한 사랑의 에너지인 영은 순수한 사랑으로 경험된다. 하지만 개는 순수하고 긍정적인 에너지처럼 '느껴지지' 않으므로, 당신은 그것이 당신 마음의 무언가를 드러내는 표상임을 알 수 있다.

어떤 경험을 현실처럼 느껴보기 위해 자각몽을 꾸는 경우, 꿈을 끝까지 다 보는 걸 목표로 한다. 앞의 예라면, 개가 사라진 후 새집을 걸어 다니면서 이게 정말 '내' 집이라는 사실을 실감해보는 것이다.

이 연습은 얼마든지 원하는 만큼 할 수 있다. 꿈속 삶에서 그리고 깨어 있는 삶에서 창조한 상황을 끝까지 볼 수 있을 때까지 필요한 만큼 반복해서 자각몽을 배양해보기 바란다.

실천 단계: 의도를 갖고 꿈꾸기

깨어 있는 삶에서 원하는 바를 좀더 빠르게 현실화하기 위해 자각몽을 배양하는 것은 사실상 영을 신뢰하면서 내면으로 들어가는 과정이나 다름없다.

1단계: _____(목표)를 현실로 만들면 어떤 기분일지를 느끼기 위해 자각몽을 꾸겠다는 의도를 낮에 세운다. 하루 동안 가능한 한 자주 의도를 반복한다. 한 시간마다 의도가 팝업창에 표시되도록 핸드폰을 설정하는 것도 한 가지 방법이다.

2단계: 잘 준비를 하고 잠자리에 누웠다면 자신은 안전하고, 보호받고, 편안한 상태에서 자각몽을 꿀 것이라는 또 다른 의도를 세운다.

3단계: 꿈을 자각하는 법을 다룬 8장에서 내가 소개한 기법을 하나 선택해 사용한다. DILD 방법이 그 예다. 꿈을 자각하려면 꿈이 꿈임을 알아차리는 능력이 관건임을 꼭 기억하라!

4단계: 꿈을 자각하는 데 성공했다면 꿈을 안정시킨다. 그런 다음 의도적으로 만들고 싶은 상황을 꿈풍경에 대고 큰 소리로 선언한다. "꿈이여, 나는 지금 내가 꿈꾸던 집을 사는 경험을 하고 싶습니다!" "꿈이여, 정말 만족스러운 일을 하는 게 어떤 느낌인지 경험하고 싶습니다!"

5단계: 이 연습의 목적은 당신이 현실화시키고 싶은 목표의 진동을 경험하는 것이다. 그 진동을 깨어 있는 삶으로까지 가져가 원하는 바를 이룰 수 있도록 말이다.

6단계: 꿈에서 자발적으로 등장하는 꿈 상징(사람이나 동물 등)이 있다면, 판단력을 발휘해 현명하게 교류한다.

7단계: 꿈에서 현실화된 장면을 끝까지 볼 수 있도록 자각 상태를 계속 유지한다.

8단계: 다 지켜봤으면 잠에서 깬다. 이때 일어나서 경험했던 것을 적거나 음성으로 녹음해놓는 것을 권장한다. 그러면 그 경험을 할 때 어떤 느낌이었는지를 확실하게 잡아둘 수 있다. 핵심 목표는 그때 그 느낌 상태를 기억하는 것이다!

9단계: 이 전체 연습을 필요하다고 생각되는 만큼 반복하라.

11장

소울 가이드

심층심리학에서 인간 정신의 무의식과 의식 사이의 경계 공간을 매개하는 존재는 저승사자다. 저승사자를 뜻하는 단어 psychopomp는 그리스어 ψυχοπομπός('정신'과 '안내자')에서 유래한 것으로 소울 가이드 또는 소울의 가이드라고 번역된다. 신화에서 저승사자는 주요 인물이 한 상태에서 다른 상태로 이동하는 것을 도와주는 중요한 역할을 한다. 우리는 꿈에서 이 소울 가이드를 만날 수 있다.

저승사자는 과도기를 겪는 사람을 돕는 안내자(그 상징으로는 동물, 현자 노인 또는 여성 등이 있다)라 할 수 있는데, 보통 그 과도기는 죽어서 사후세계로 넘어가기까지의 시기를 가리킬 때가 많다. 하지만 꼭 죽음과 사후세계에 국한할 필요는 없다. 경계선을 넘는 변화이기만 하면 된다.

성인에서 중년으로 넘어가는 것, 혼자였던 사람이 결혼을 하는 것 모두 일반적인 전환이다. 많은 사람들이 결혼식이라는 상징적 의례를 거쳐 싱글이라는 경계를 넘는다. 둘의 하나됨을 선포하는 말이 떨어지면 두 사람은 경계를 넘어 부부가 된다. 혼자였던 옛날 방식은 '죽고'(두 사람 다 이제 싱글이 아니다) 새로운 존재 방식이 '탄생한다'(두 사람은 이제 결혼했다).

하지만 어떤 경계든 그것을 넘기 전에는 보통 과거와 미래가 공존하는 경계 공간이 존재한다. 과도기 상태를 받아들여야 하는 시간이다. 가령 임신이라고 하는 경계 시간은 여성에서 엄마가 되는 변화를 준비하는 기간이다. (여성이 이 중요한 변형의 과정을 잘 보낼 수 있게 안내해주는 임신꿈은 생생하고 강렬하고 유익할 때가 많다.)

우리는 꿈작업을 하면서 상태 전환, 경계 공간, 저승사자를 여러 방식으로 경험한다. 현실적인 차원에서 보자면 우리는 깨어 있는 상태와 수면 상태 사이의 경계선을 넘어야 꿈으로 들어갈 수 있다. 당신이 입면 상태와 출면 상태를 경험해보았다면(7장을 보면 내용이 기억날 것이다), 각성 의식과 수면 의식을 오가는 경계 통로에서 얼마나 풍부한 이미지와 형상들을 만날 수 있는지 알게 되었을 것이다.

경계 공간은 텅 빈 무인지대가 아니다. 과도기의 공간이다. 경계 공간은 '지나간 모든 일'과 '다가올 모든 일' 사이의 과도기 공간을 잇는 다리, 통로, 혹은 관문이다. 삶에서 과도기를 지날 때 꿈에 주의를 기울이면 소울 가이드가 꿈에 나타날 가능성이 크다는 사실을 알게 될 것이다.

이 책 전반에 걸쳐 확인했겠지만 일반몽과 자각몽 모두를 통해 우리는 영과 연결된다. 일반몽에서 소울 가이드는 대개 상징으로 나타난다. 자각몽에서는 소울 가이드와의 의식적인 교류가 가능하다.

다음의 일반몽을 예로 들어보자.

한 여성이 어머니가 돌아가신 직후 꾼 꿈이다. 꿈에서 그녀는 딸과 함께 어딘지 모를 목적지를 향해 여행 중이었다. 목적지가 중요한 곳이며 새집과 관련된 곳이라는 점은 알았지만 꿈은 왠지 모호하게 느껴졌다. 그리고 갑자기 장면이 전환되어 그녀는 딸과 함께 기차역 바깥에 서 있었다. 그녀는 딸이 자신과 함께 기차에 타기를 바랐다. 하지만 딸은 할머니(꿈에 나타나지 않았다)를 따라 다른 기차를 타고 싶으며 곧 엄마에게 갈 것이라고 말했다.

돌아가신 지 얼마 안 된 분을 꿈에서 만나면 흔히들 그러하듯 이 여성 역시 꿈에서 깬 후 슬픔에 잠겼다. 하지만 그녀를 찜찜하게 만든 건 딸이 자기 대신 할머니를 따라갔다는 데서 오는 걱정이었다. 이게 무슨 의미였을까?

이 여성의 꿈에서 딸은 이중적인 뜻을 지닌 상징으로서 엄마의 내면 아이를 반영하는 표상이자 할머니의 소울가이드/저승사자이다.

꿈의 의미에 대해 숙고하던 여성은 엄마가 돌아가시면서 자신이 더 이상 누군가의 아이가 아니라는 사실을 실감하게 되었음을 깨닫게 되었다. 꿈은 그녀의 상실과 슬픔을 분명하게 알아주고 인정해주었다. 또한 그녀가 성인 자녀에서 누군가의 부모이기만 한 존재가 되었음을, 이 여정은 그녀가 혼자서 걸어가야 하는 것임을 말해주고 있었다.

　　꿈에서 어린 딸은 할머니와 함께 다른 기차를 타서 어딘지 모르는 목적지(사후세계)로 가는 반면, 엄마는 기차를 타고 새집으로 간다. 여기서 우리는 상징적으로 어린 딸이 할머니의 소울 가이드가 되기로 선택했음을 알 수 있다. 이 꿈에 대해 생각하며 이 여성은 대단히 큰 위로를 받았다. 꿈은 그녀의 슬픔과 애끓는 상실감을 인정해주고 그렇게 느끼는 게 당연하다고 도닥여주었다. 그러면서도 동시에 3대의 모든 여성이 각자 자기만의 방식으로, 그러나 다 함께, 한 시절을 넘어가고 있음을 보여주었다. 이 얼마나 아름다운가.

자각몽과 가이드

자각몽에서 우리는 저승사자와 두 가지 방법으로 교류한다. 하나는 돌아가신 분을 만나서 필요에 따라 그분들을 돕는 것이다. 이때는 우리가 저승사자 역할을 하는 셈이다. 가령 고인이 된 분이 살아 있는 가족 중 한 명에게 메시지를 보내고 싶어한다면, 숙련된 루시드 드리머는 그 메시지를 받아 해당 가족에게 전달할 수 있다. 또한 우리는 과도기를 겪을 때 언제든 개인적으로 가이드를 받을 수 있다. 자각몽에서 가이드와 만나게 해달라고 요청하기만 하면 된다. 자각몽 내에서의 작업은 쌍방향으로 진행된다.

　　다시 한 번 말하지만 상태 전환이 언제나 죽음과 관련될 필요는 없다. 월급을 받는 직원이었다가 자기 사업체를 꾸리게 되는 것,

직장생활을 마치고 은퇴하는 것 같은 유의미한 발전이나 변화가 모두 전환에 해당한다. 한 가지 정체성이 끝나거나 기존의 행동 방식이 종료될 수밖에 없는 변화의 시기라고 생각하면 된다. 내가 고인이 된 꿈 인물을 예로 사용한 것은 그저 이 시기가 지닌 무게감이 얼마나 큰가를 보여주기 위해서다. 우리가 꿈을 통해 얼마나 큰 지지를 받고 있으며, 상황에 따라 우리가 감정적 지지를 받는 사람이 될 수도, 지지를 주는 사람이 될 수도 있음을 보여주기 위해서였다.

수많은 저서를 남긴 자기계발 작가이자 연설가 웨인 다이어 Wayne Dyer가 자각몽을 통해 감정적 위안을 받은 예를 하나 소개하겠다. 그는 어머니가 돌아가신 직후 꾼 다음의 꿈에서 확실한 종결과 행복을 경험했다.

꿈에서 그는 운전을 해서 어머니 집으로 가고 있는 중이었다. 그리고 언제나 꿈이 그러하듯 그는 갑자기 현관문 앞에 서 있었는데, 현관문 앞에 스크린도어가 설치된 것을 보았다. 바로 그 순간 그는 스크린도어가 있지 말아야 할 곳에 있다는 사실을 깨달았다. 어머니의 집에는 스크린도어가 없으니까! 이때 그는 자신이 꿈을 꾸고 있음을 알게 되었다.

이제 꿈을 자각한 그는 스크린도어를 열려고 했다. 그런데 아무리 문을 열려고 애를 써도 소용이 없었다. 그러자 40대 때의 외양을 한 어머니가 쓱 나타나더니 문을 안쪽으로 열었다. 어머니가 최근에 돌아가신 것을 기억한 그는 이 모든 일에 놀라고 말았다. (자각몽에서는 자신이 직접 경험한 것과 기억들이 고스란히 남아 있다는 것을 기억하라!).

믿을 수 없었던 그는 깜짝 놀라 소리쳤다. "어머니 돌아가셨는데 어떻게 여기 계세요!" 그 순간 어머니는 사라졌다. 잠시 후 꿈에서 그녀는 다시 나타났다. 다만 이번에는 돌아가시기 전 96세였을 때의 모습을 한 채였다. 감정이 북받친 그는 잠에서 깼다.

나는 웨인 다이어의 자각몽 이야기를 정말 좋아한다. 이 일화를 당신에게 소개하는 까닭은 물질 세계와 비물질 세계 사이의 춤이 여기에 너무도 잘 드러나 있기 때문이다.

웨인 다이어가 경험했듯이 당신 역시 자신의 생각, 감정, 기억이 자각몽에 얼마나 영향을 끼치는지 알게 될 것이다. 누구도 이 점에서는 예외가 없다. 꿈 수행에 훨씬 능숙해지기 전까지는 모두가 그렇다.

웨인 다이어는 꿈에서 어머니에게 돌아가시지 않았냐며 비명을 질렀다! 돌아가신 분이 어떻게 거기 계시지? 그의 의식적인 마음은 어머니의 존재에 의문을 가졌다. 그리고 그 순간 어머니는 사라졌다. 의문을 떠올리는 그의 감정과 생각이 자각몽에 영향을 준 것이다. 그리고 어머니는 갑자기 나이 든 원래 모습을 한 채 다시 나타났다. 아들에게 더 익숙한 모습으로!

의도하지 않고 '자연스럽게 꾼' 자각몽에서 이제는 고인이 된 사랑하는 사람을 만났다고 상상해보라. 돌아가신 분을 그냥 생각만 해도 울컥하는데, 꿈에서 의식을 갖고 있는 채로 그 사람과 직접 만나는 게 얼마나 반가울지는 말 안 해도 알 것이다!

영을 지각하기 위한 비법 중 하나는 경험을 있는 그대로 받아들이는 것이다. 이 경험이 물질 세계의 문법에 맞지 않는다는 사실을 인정하는 것이다. 웨인 다이어는 에스더 힉스에게 왜 어머니가 꿈에서 자신과 더 오래 머물지 못했는지에 대해 물었는데(이 대화를 녹화한 비디오 영상은 인터넷에서 찾아볼 수 있다), 이 질문에 대한 답은 어머니가 그와 더 이상 같이 있을 수 없었다가 아니었다. '그가 어머니를 더 이상 지각할 수 없어서였다.'

나는 이 말이 충분히 이해된다. 어머니를 지각하는 그의 능력을 감정이 방해했다. 그가 꿈에서 비자발적으로 깨어난 것도 이 때문일 가능성이 크다. 그가 울컥할 만큼 감정에 휩싸였기 때문이다. 그러니 다시 한 번 핵심을 정리하자면 이렇다. ― 자각몽에서 당신은 영을 지각할 수 있으나 생각과 감정이 그 연결감을 흐리게 만들 수 있다.

이것은 내가 이 책에서 마음챙김 연습을 권하는 여러 이유 중 하나이기도 하다. 이 연습을 하면 영을 보다 명료하게 경험하는 데 도움이 된다. 그뿐 아니라 깨어 있는 삶에서 전반적으로 더 기분이 좋아지기도 한다! 더블 보너스다!

그렇다면 자각몽에 나오는 인물이 정말 고인이 된 사랑하는 사람인지 영적 가이드인지 어떻게 알 수 있을까? 그 사람들에게 증거를 달라고 요청하면 된다. 대부분의 꿈 가이드는 당신이 잠에서 깬 후 '팩트 체크'를 할 수 있는 정보를 줄 것이다. 아니면 "모든 투사물이여, 사라져라!"하고 다시 한 번 외쳐서 자각몽의 꿈풍경을 바꿀 수도 있다. 어느 쪽이든, 꿈을 더 많이 탐색할수록 자기 내면의 지혜와 앎에 대한 신뢰 역시 더욱 커질 것이다.

작가로서 에테르 차원의 개념을 말로 붙들려고 하는 게 소용 있을까 싶기는 하다. 실제 경험의 본질에 반하는 행위이기 때문이다. 당신이 본인의 직관을 깊게 경험해본 적이 있다면 내가 왜 이런 말을 하는지 정확하게 알 것이다. 내가 당신에게 지금 바로 이 자리에서 직관을 '증명'해보라고 한다면, 당신은 할 수 있겠는가?

직관이 자각몽과 같이 물질 세계와 비물질 세계가 펼치는 아름답고 신비로운 춤사위임을 당신도 알 것이다. 보이는 세계와 보이지 않는 세계의 어우러짐. 그런 춤사위를 말로 정의 내리는 것은 마치 바람을 손에 꽉 쥐려고 하는 것이나 다름없다. 직관은 그런 게 아니라, 바람 부는 걸 얼굴로 느끼듯 그저 몸으로 느끼는 것이다.

꿈에 대해 언급하는 신비주의 경전 역시 동일한 감상을 공유한다. 당신은 꿈을 경험한다. 꿈을 구현한다. 당신이 곧 꿈이다. 꿈에 대해 이런저런 궁리를 한다. 하지만 꿈은 여전히 미스터리로 남아 있다. 꿈은 직관이 그러하듯 논리를 넘어서는 일종의 지혜다. 의식이 있는 자각 상태에서 비물질 세계를 지각하는 하나의 방법이다.

자각몽을 통해 우리가 배우게 되는 또 하나의 사실은, 직선으로 흐르는 시간 개념이 의식에 대한 경험을 제대로 설명해주지 못한다는 것이다. 논리적인 마음으로는 헤아릴 길이 없는 신성한 차원의 지혜와 창조야말로 우리를 무한한 가능성의 세계로 인도해주고, 과거와 현재와 미래의 삶에 데려가주고, 우리가 깨어 있는 삶에서 영과 함께 더욱 의도적으로 창조할 수 있게 해준다.

꿈은 임상적 또는 비판적 사고로 수렴될 수 있는 1차원적인 경험이 아니다. 꿈은 하나의 예술이다. 꿈에는 수많은 차원과 층이 존재한다. 이 책은 그것의 표면을 살짝 긁었을 뿐이다.

자각몽을 꿀 때 우리는 자각과 함께 기억(에고적 자아) 역시 꿈풍경 안으로 가져간다. 이것은 유익하고 이로울 수도 있지만 동시에 영과의 연결감을 흐리게 만들 수도 있다.

웨인 다이어가 꿈속에서 어머니가 너무 젊다고 느꼈을 때 일어난 일이 바로 그 예다. 그가 그 생각을 하자 어머니는 돌아가시기 전의 모습을 하고 다시 나타났다. 그의 이성적인 마음이 진짜라고 생각하는 좀더 '정확한' 이미지인 96세 여성의 모습으로 변신했다.

여기서 이것이 그가 처음으로 자연스럽게 꾼 자각몽이었음을 언급하는 게 좋을 것 같다. 그러니 꿈속에 있던 그가 저 시점에서 자신의 집중력과 자각을 온전히 통제할 수는 없었을 것이다. 그의 꿈은 우리의 주의를 적절하게 사용하는 게 얼마나 중요한지 알려준다.

그 외에도 웨인 다이어의 사례는 영은 자각몽에 그리 능숙하지 않은 사람일지라도 그 사람의 경험 수준에 맞춰줌으로써 그가 영과의 연결감을 계속 유지할 수 있게, 그리하여 그가 '여정의 어느 지점에 있든 영과 대화할 수 있게' 도와준다는 사실을 보여준다. 우리의 마음, 감정, 기억이 아무리 방해를 할지라도 말이다.

그렇긴 해도 나는 사람들이 영과 관련해 왜 특정한 하나의 꿈을 공통으로 꾸지 못하느냐는 질문을 많이 받는다. 가령 왜 모든 사람이 꿈에서 한 유형의 영적 가이드를 만나지 못하는가? 혹은 얼마 전 돌아가신 분을 왜 모든 가족이 똑같이 꿈에서 보지 못하는가? 이에 대한 내 대답은 거의 동일하다.

우리는 신념 체계와 삶의 경험이 서로 다 다르고, 지나고 있는 여정 역시 제각각인 사람들이다. 모든 사람이 영으로부터 똑같은 것을 똑같은 타이밍에 받을 필요는 없으므로 동일한 메시지를 동일한 방식으로 받는 건 이치에 맞지 않는다. 모두가 고인이 된 사랑하는 사람과 끝맺음을 할 필요는 없다.

꿈은 우리가 물질 세계에서 겪은 사적인 경험을 바탕으로 우리의 비물질적 정수를 잘 섞어서 우리가 반드시 알아야 하는 것에 대해 더 큰 통찰과 가이드를 제시한다는 점에서 정말 특별하다. 꿈은 더 높은 시야를 가져야 한다고 우리에게 말한다. 결국 꿈은 당신이 높은 곳에 올라 넓은 시야로 삶을 경험할 수 있게 당신을 이끈다.

다양한 형태로 나타나는 꿈 가이드

내가 진행하는 꿈 집중수행에 참가한 안나(가명)는 우리가 준비되었을 때 주의를 기울일 수밖에 없는 방식으로 말을 거는 영의 훌륭한 예를 보여주었다. 안나는 거의 평생을 무신론자로 스스로를 정체화하며 살았고 이런 꿈이나 직관 같은 게 진짜인지 확신하지 못했지만,

몇 번의 매우 강렬한 자각몽 체험이 그녀를 뼛속까지 뒤흔들어 놓았다. 그래서 그녀는 한번 과감하게 새로운 것을 시도해보자는 마음에 다른 사람들과 함께 숙박하는 꿈 집중수행에 참여하게 되었다.

그녀는 왜 자신이 영의 말을 귀담아들어야 하는지 영이 증명할 기회를 주기 위해 집중수행에 참여했다고 말했다. 이에 덧붙여 그녀는 자신의 '가이드'가 사람이 아닐 것 같다고 말했다. 우리의 말에는 힘이 있다고 말한 거 기억하시는지? 안나의 의도는 꽤 힘이 셌다. 집중수행이 진행되면서 참여자들은 최고로 멋진 꿈을 꾸고, 무의식적인 신념과 트리거들을 극복하고, 동시에 영과의 연결감을 더욱 심화시켰다.

하지만 안나는 실제로 아무 일도 일어나지 않은 것 같다고 느꼈다. 물론 그녀는 자신의 영적 가이드를 만나겠다는 의도를 갖고 보통 몽을 배양하기는 했다. 매일 밤 그녀는 나에게 이런저런 상황에 처한 꿈을 꾼 게 다라고 말했는데, 총 세 번에 걸쳐 개 한 마리가 꿈에 나타났다. 나는 그녀에게 개의 종이 무엇이냐고 물었고 그녀는 보더 콜리(일명 양치기 개)라고 답했다. 안나는 개가 자기 정신에서 나온 무언가를 상징한다고만 생각했다. 당신도 이 책을 통해 알게 되었겠지만 물론 그녀가 옳았을 수도 있다. 꿈을 꿀 때는 영과 본인의 정신이 함께 관여하기 때문이다.

나는 안나와 그녀의 꿈에 나오는 상징에 대해 얘기를 나누었다. 양치기 개는 당신에게 어떤 의미인가요? 그녀가 말했다. "양치기 개는 양을 몰죠. 충성심이 강하고 절대 무리를 떠나지 않고요." 아이러니하게도 그녀의 꿈에는 성서 분위기가 느껴졌다. 그러니까 당신을 절대 떠나지 않을 충성심 강한 가이드 개가 있다고요? 음, 흥미롭군요! 양이라는 상징은 당신에게 무엇을 의미하나요? "스스로 생각하지 못하는 것 그리고 소심하게(sheepishly) 행동하는 것을 뜻해요."

안나는 보다 불가해한 삶의 측면에 발을 들이면 지적인 예리함을 잃어버리지 않을까 두려워하고 있었다. 영적인 것을 믿는다는 이유로 자신이 속한 무리에서 놀림받거나 따돌림당하지 않을까 걱정했다. 꿈은 그녀를 대신해 속마음을 드러내주었다. 그녀는 가이드를 받은 것이다. 그녀의 가이드는 그녀가 어떤 신념을 갖고 있든 그녀에게 충실했다.

안나는 묵상을 통해 자신이 붙들고 있던 몇몇 신념들을 진지하게 살펴보기로 했다. 근본적인 변화를 꾀하기로 결심한 그녀는 자신의 마음을 울리는 것들을 좀더 과감하게 표현하기 시작했다. 집중수행 후 약 한 달이 지나서 나는 안나로부터 이메일을 한 통 받았다. 자신이 자각몽에서 가이드를 만나게 해달라고 요청했는데 그 경험이 굉장했다는 내용이었다. 한 여성이 꿈풍경에서 안나에게 다가와 자신이 보더콜리 꿈을 안나에게 '보낸' 장본인이라고 말했다고 했다.

영은 당신, 그리고 당신이 겪고 있는 고유한 과정에 맞춰줄 것이다. 당신은 이 과정을 통제하지 않아도 된다. 그저 중간에서 자신의 가이드와 만나기만 하면 된다. 어쨌든 꿈 가이드는 우리를 돕기 위해 존재한다. 우리가 절대로 혼자가 아님을 알려준다.

자신의 꿈 가이드와 만나기 그리고 동시성이라는 예술

내 꿈 워크숍 참석자 중에는 꿈 가이드(혹은 영적 가이드)와의 연결을 구축하겠다는 의도를 세우고 오는 경우도 있다. 가끔은 가이드를 두 명 이상 만나는 사람들도 있다. 당신 역시 두 명 이상의 가이드를 만날 수 있으니, 당신 앞에서 저절로 펼쳐지는 꿈에 마음을 열고 있기를 바란다. 안나의 경우와 마찬가지로, 중요한 건 실제로 펼쳐지는 꿈이다.

이 책에서 계속 확인할 수 있듯이 우리는 깨어 있는 삶에서나 꿈속 삶에서 영을 다양한 방식으로 경험할 수 있다. 깨어 있는 삶에서든 꿈을 통해서든 가이드를 만나겠다는 의도를 세우고 있으면 된다. 설령 자각몽이라는 경이를 아직 경험하지 못했다 해도 이게 가이드를 만나지 못하는 이유는 될 수 없다. 영과의 대화에 물꼬를 트겠다는 의도를 의식적으로 세우기만 하면 된다.

그렇다면 영은 깨어 있는 삶에서 당신, 나, 그리고 모든 사람들과 정확히 어떤 방식으로 대화를 할까? 정답은 '필요한 모든 방법을 동원해서'이다! 하지만 대부분은 직관적인 힌트, 표식, 상징, 그리고 의미 있는 우연을 통해 메시지를 전달한다. 예를 들면, 소셜미디어 포스팅에서 자신에게 도움이 되는 말을 정확히 필요한 타이밍에 볼 수 있다. 혹은 가게에 들어갔을 때 스피커에서 흘러나오는 노래의 가

사가 지금 당신이 겪고 있는 문제에 실마리가 되거나, 마음을 안정시켜주거나, 도움이 되었다. 그것도 딱 필요한 타이밍에. 아니면 길거리를 걷다가 우연히 두 사람 옆을 지나가는데 그들이 마침 자신에게도 연관이 있는 이야기를 하고 있었다. 이 모든 것은 당신의 주의를 끌기 위해 이런저런 방법을 동원해 외치는 영의 아우성이다.

또한 내 경험상, 영은 당사자가 가장 알아듣기 편해하는 방식으로 말을 전한다. 나의 경우, 꿈을 통해서나 직관으로 가이드를 받을 때 영청靈聽, 즉 소리로 듣는 게 가장 편하다. 당신도 혹시 그러한가? 아마 당신이 수신 능력을 좀더 발달시킨다면 영과 더 깊고 능동적인 관계를 맺어 '나'에게 딱 맞는 구체적인 가이드를 받을 수도 있다.

대부분의 사람들은 자신이 (깨어 있는 삶에서) 영으로부터 받고 있는 메시지가 '진짜'라고 받아들이기까지 많은 반복이 필요하다. 그래서 동시성, 의미 있는 반복, 우연이 그렇게 멋지게 느껴지는 것이다. 그것을 계기로 영이 우리에게 말하는 것(또는 보여주는 것)에 '눈을 뜨게' 되기 때문이다. 속으로 알고 있는 게 진짜 맞다는 확인을 받고 싶을 때 정확히 그런 확인을 외부에서 받는 것이기도 하다.

우리가 영의 말에 긴가민가할 때가 많기 때문에 영은 우리의 관심을 끌기 위해 정말 열심히 애를 쓴다! 우리는 영의 메시지가 완전히 자명하고 노골적이면서도 전혀 예상치 못한 것이어야 비로소 영과 대화하고 있음을 인정한다. 이런 경향은 특히 서양에서 두드러지는 것 같다. 대부분의 사람들이 어릴 때부터 영을 무시하도록 교육을 받아서인지 메시지를 빨리 받아도 그만큼 빨리 폐기 처분한다.

그래서 영과 연결되기 위한 첫 번째 단계는 실제로 영과 적극적인 관계를 맺겠다고 결심하는 것이다. 여러분은 이 책을 읽음으로써 어쩌면 이미 그렇게 되었거나 관계가 더욱 돈독해지지 않았을까? 두 번째 단계는 의식적인 의도를 세우는 것이다. 자기 전에 보통몽에서 영적 가이드를 만나게 해달라고 요청해본다. 이 요청이 실현되었다고 느끼기 전까지 매일 밤마다 의도 세우기를 반복한다.

보통몽 배양하는 법이 잘 생각나지 않는 경우 2장 맨 끝에 있는 연습을 펼치면 정확한 방법이 나와 있으니 참고하길 바란다. 여기서 꼭 기억해야 하는 점은 안나의 경우처럼 본인은 특별할 게 없거나 중요하지 않은 꿈이라고 여겨도 사실은 꽤 감동적인 면이 있어서 주의 깊게 살펴봐야 하는 경우가 있다는 것이다. 가이드와의 연결을 탐색할 때는 열린 마음과 가슴을 견지하기 바란다.

자각몽을 꿀 수 있다면 꿈풍경에서 모든 심리적 투사물을 제거한 뒤 가이드를 만나게 해달라고 요청한다. 다시 한 번 말하지만 이 관계는 쌍방향이므로 가이드를 대할 때는 깨어 있는 삶에서 중요한 인물과 만나는 것처럼 행동하길 바란다. 가이드에게 불합리한 요구를 해서는 안 된다. 물론 현재 겪고 있는 난처한 일에 대해 추가 정보(혹은 표식)를 요청하거나 도움을 구하는 건 얼마든지 가능하다. 그러면 내 경험상, 완전히 뜬금없는 순간에 동시성 사건들이 벌어지면서 삶이 정말 재미있어진다!

꿈풍경에서 다른 루시드 드리머 만나기

이 책 집필을 위해 다른 루시드 드리머에 대한 이야기를 찾고 있을 때 과학과 비이원성(Science and Non-Duality, SAND) 심포지엄에서 열린 멋진 패널토론을 보게 되었다. 예술가이자 교수인 파리바 복자란 Fariba Bogzaran 박사는 심포지엄에서 정말 놀라운 자각몽 경험을 발표했다. 복자란 교수가 모든 자각몽에서 핵심 의도로 세운 것은 단 하나였다. 전지적인 자신의 일면과 신을 만나는 것이었다. 그녀는 무려 2년 반가량 이 의도를 유지했다!

이 시기에 복자란 교수는 자각몽에서 여러 번 티베트 불교 라마를 만나 자각몽 수행의 깊이를 더할 수 있는 방법들을 배웠다. 많은 사람들이 그랬겠지만 복자란 교수 역시 자각몽에서 만난 불교 라마가 자신의 정신에서 유래한 의미 깊은 투사물이거나 에테르 차원의 영적 가이드라고만 생각했다. 그런데 반전이 일어난다. 12년 후 그녀는 깨어 있는 삶에서 가르첸 린포체Garchen Rinpoche 라마를 만났고, 두 사람은 자각몽 공간에서 본 서로를 알아보았다.

바로 그 사람이 복자란 교수 꿈에 나와 내내 가르침을 준 불교 라마였다! 이러한 동시성 만남 이후 그녀는 그와 함께 깨어 있는 삶과 꿈속 삶 모두에서 10여 년간 수련을 계속해나갔다.

복자란 교수의 꿈 경험은 자각몽에서 왜 우리가 대화를 나누는 상대에게 정체를 명료하게 밝혀줄 것을 요청해야 하는지 그 이유를 보여준다. 꿈풍경은 그 안에 꿈꾸는 사람들을 다수 포함하고 있는 광활하고 넓은 공간이므로 아예 처음부터 정확한 정체를 물어보는 게 도움이 된다!

당신도 이제 알게 되었겠지만, 자각몽 경험은 마음의 심리적 투사에 불과한 게 아니다. 꿈 세상은 우리의 비물질적 정수가 나머지 비물질 세계(영)를 만나는 장소(또는 공간)이다. 이곳에서 우리는 동료 루시드 드리머, 영적 가이드, 심지어 헤어진 사랑하는 사람을 만날 수 있다. 그들은 모두 우리가 배움을 청하고 말을 걸 수 있는 존재들이다.

당신은 자각몽 연습에 더 능숙해질수록 모든 종류의 모험이 눈앞에서 펼쳐진다는 사실을 알게 될 것이다. 또한 보통몽 작업과 자각몽 작업을 모두 하다 보면 심리적 투사물과 꿈속 존재들이 어떻게 다른지 구분할 수 있게 된다.

자각몽에서 뭔가 의심스럽다면 "모든 생각 형상이여, 사라져라!"라고 외치면 되고, 꿈 인물을 만났는데 느낌이 별로 좋지 않다면 그냥 지나치면 된다는 사실을 기억하라. 직관은 당신을 잘못된 곳으로 인도하지 않는다. 그리고 언제나 그렇듯, 꿈의 근본적인 의도(와 당신이 사용하는 단어)가 자각몽의 경로를 바꿀 수 있고 실제로 바꿀 것이다.

복자란 교수가 꿈을 배양한 것은 전지적인 존재를 만나기 위해서였다. 그리고 그녀는 분명 어느 정도 그 부분을 달성했다. 티베트 뵌 불교도들이 자각몽 수행을 하는 궁극적인 핵심 목표는 초월이다. 깨닫기 위해서다. 현재 내가 자각몽과 관련해 세우고 있는(사실 한동안 세웠던) 의도는 자각몽이 펼쳐지는 대로 따라가며 온전한 발견의 여

정을 떠나는 것이다. '당신의 의도는 무엇인가?'

마지막으로, 꿈풍경에서 다른 루시드 드리머들을 만나보고 싶다면 내 온라인 꿈 서클에 와보실 것을 권한다. 함께 의도적으로 꿈꾸는 사람들을 만날 수 있다. 비자각몽 그룹과 자각몽 그룹별로 구체적인 의도나 목표를 세우는 모임들이 여럿 있다. 구체적인 내용은 내 웹사이트(athenalaz.com)에서 확인할 수 있다.

12장

모두를 위해 꾸는 진정한 꿈

깨어 있는 현실이란 공동으로 꾸는 꿈일진대 현재 우리가 공동으로 꾸는 꿈은 집단적 악몽이 되어가고 있다. 지구는 우리가 아무 생각 없이 그저 하던 대로 창조하는(꿈꾸는!) 방식을 재고하길 원하고 있으며, 우리는 서로의 다양한 차이를 포용해야 평화를 경험할 수 있다. 절망에 빠지기 너무 쉬운 상황이지만, 집단 꿈을 공동으로 창조하고 여기에 능동적으로 영향을 끼치는 건 바로 우리라는 사실에 모든 꿈 꾸는 사람들이 눈을 뜬다면, 꿈으로 비전을 세우고 여기에 정확히 부합되는 행동을 깨어 있는 의식으로 실천에 옮김으로써 세상을 바꿀 수 있다.

이 책 앞부분에서 나는 개인의 무의식적 신념이 깨어 있는 삶에 얼마나 지대한 영향을 끼치는지 여러분과 함께 살펴보았다. 밤에 꾸는 보통몽이 구체적인 이미지와 꿈 상징을 통해 무의식적 신념을 그대로 비춰준다는 것을 이제는 당신도 알고 있다.

가령 성공하고 싶은 마음은 굴뚝같은데 가령 자기 훼방적 습관이나 미루기 등으로 본인이 그 길을 막고 있는 사람이라면 꿈에서 자기를 막아서는 사람들을 자주 만날 것이다. 꿈꾸는 사람은 본인의 무의식적인(혹은 그림자적인) 신념을 타인에게 투사하고, 꿈은 그림자 인물을 통해 이 신념을 부각시켜 보여준다. 꿈은 꿈꾼 사람이 질문을 할 수밖에 없도록 만든다. 나는 왜 언제나 목적지에 도착하지 못하고 중간에 막히는 걸까? 누가 길을 방해하는 거지? 꿈꾸는 자는 자기성찰적인 질문을 스스로에게 던짐으로써 자신의 내면세계, 구체적으로는 자신의 신념을 더욱 명료하게 자각하게 된다. 결핍에 대한 자신의 신념 혹은 과거의 경험이 절실히 원하는 것을 얻지 못하게 막고 있음을 깨닫는다.

우리 모두는 무의식적 신념 체계와 연결된 낮은 차원의 충동에 휘둘릴 수 있다. 가령 대부분의 사람들이 어떤 상황이 되면 폭력을 쓸 수 있다고 생각한다. 당신은 안 그럴 것 같은가? 누군가 당신의 아이나 파트너의 머리에 총을 겨누고 있다면 어떻겠는가? 사람은 의도하지 않아도 어떤 일에 쉽게 빠지고 만다. 그렇기 때문에 우리 모두가 의도적으로 꿈꾸는 사람이 되는 게 그토록 중요하다. 우리가 우리의 현실을 공동창조하고 있다는 사실에 눈을 뜨고 의식해야 한다.

우리가 집단으로서 갖고 있는 무의식적 신념은 집단 현실에 영향을 준다. 영화와 미디어의 콘텐츠를 보면 이 개념을 아주 쉽게 이해할 수 있다. 스크린에 투사되는 건 우리의 집단적 두려움이다. 분리, 증오, 탐욕, 타인과 자연에 대한 무례와 숭배가 우리의 주의를 갉아먹는다. 사람들이 익명 뒤에 숨어 쏟아내는 증오의 크기가 얼마나 거대한지는 소셜미디어만 봐도 알 수 있다! 우리가 대량의 감정적 쓰레기를 집단적으로 소셜미디어에 투사하면 일부 언론사들은 기가 막힌 솜씨로 대중에게 두려움을 퍼뜨리고 유통시킨다.

우리는 익명의 미세한 공격(화면)이 적극적이고 폭력적인 공격(실생활)으로 순식간에 심화될 수 있다는 사실 역시 보아왔다. 무의식적인 충동은 극단주의 또는 극단적 신념 뒤에 숨는 걸 좋아하고, 이 극단주의는 양자택일적 사고, 가령 나는 '전적으로 옳고' 너는 '전적으로 틀리다' 같은 태도에 힘을 싣는다. 만일 우리가 한 가지 방식이나 한 가지 답만이 존재하고 다른 것은 다 틀렸다고 생각한다면 우리는 무의식의 견인력이 작동하는 영역에 발을 담근 것이다. '분명 우리는 집단으로서 이보다 더 나은 꿈을 꿀 수 있지 않을까?' 어쩌면 우리는 일체가 아름다운 균형을 이루고 있는, 모든 차이가 존중되는 중간 지대를 찾을 수 있을 것이다.

만일 폭력이나 공격을 행사하는 것이 대단히 정당하다고 느껴지는 순간이 있다면, 심리적으로 그 사람은 에고의 억압된 충동에 휘말리고 있을 가능성이 크다. 가령 좀비 영화가 엄청나게 유행이었던 때를 기억하는지? 집단 상징으로서 좀비는 뇌가 죽은 채로 행동했을 때 어떤 일이 벌어지는지를 보여준다. 생각 없이 탐욕스럽게 소모하는 것만이 생명의 본질이 될 때, 사실상 우리는 스스로를 좀비나 다름없는 존재로 격하시키는 것이다. 우리는 산주검이 된다. 모든 생명에 숨을 불어넣는 광명을 잊어버렸기 때문이다. 주의를 올바로 사용하여 영과 함께 좋은 꿈을 꿀 수 있는 고차원의 힘이 자신에게 있음을 잊어버렸기 때문이다.

자신의 의도와 의지를 의식적인 자각 없이 쓴다면 좋은 것을 창조할 수 없다. 그때 우리는 더 이상 의도적으로 꿈꾸는 사람이 아니다. 우리의 집단적 현실이 더 나아지기를 바란다면, 모든 사람이 자신의 무의식적(그리고 의식적인) 파괴 욕구, 속성, 욕망 등을 책임지고 다루어야 한다.

우리가 집단 내에서 제 몫을 다 한다면 파급 효과는 대단할 것이다. 이 말이 아름답게 현실화되는 예를 전 세계 사람들이 힘을 모아 다른 사람들에게 봉사와 도움의 손길을 건네는 데서 볼 수 있다. 가령 위기에 처한 사람들을 돕기 위한 크라우드펀딩 캠페인이 온라인에서 크게 주목받는 경우가 그러하다. 수천 명의 사람들이 십시일반 돈을 기부하고, 그 결과 수백만 달러의 돈이 어려움에 빠지고 트라우마에 시달리는 사람들 또는 지역으로 보내진다. 공감은 태산도 움직일 수 있는데, 우리의 집단적 의도 역시 그렇다.

우리는 생명이라는 거대한 우주적 망에서 에너지적으로 서로 다 연결되어 있다. 우리는 깨어 있는 현실에서 똑같이 살고 있는 지구, 식물, 사람, 동물과 모두 연결되어 있다. 상호연결성과 상호의존성이라는 이 개념은 거의 모든 고대 종교에서 찾아볼 수 있다. 한 개인이 만들어낸 자그마한 차이가(그 사람이 자각 없이 한 행동일지라도) 우주의 망 전체에 파급 효과를 일으킨다. 지구가 고통받으면 우리 역시 고통받는다. 우리는 물질과 영으로 이루어진, 지구의 일부다.

내가 여러분에게 선물로 드릴 수 있는 가장 강력한 이야기 중 하나가 아추아르Achuar 부족 이야기다. 그들의 이야기를 소개하는 건 우리가 현대인으로서 어떻게 새로운 꿈을 꿀 수 있는지 보여주고 싶어서다. 의식을 변화시키고 꿈으로 새로운 비전을 세웠을 때 우리가 어떻게 서로를 돕고 지구를 도울 수 있는지를 볼 수 있을 것이다.

아추아르 부족은 수천 년간 아마존 우림지대에서 살아온 원주민이었다. 숲의 관리인이자 고대로부터 내려온 꿈 문화의 지킴이인 이들은 지금도 꿈에서 받은 정보에 따라 부족 전체가 하루를 계획한다. 이들은 아침에 다 함께 일어나 어떤 꿈을 꾸었는지 이야기를 나누고, 그룹의 꿈에 따라 행동을 취한다.

80년대 초에 들어 부족의 장로와 샤먼은 현대 문명이 숲으로 쳐들어와 모든 걸 파괴하는 불안한 꿈과 예지를 경험하기 시작했다. 그리고 당연히 이 예지는 현실이 되었다. 석유 회사들이 이웃 영토들을 강탈한 뒤 목초지 형성을 위한 나무 벌채를 시작한 것이다. 그 결과, 대대적인 산불이 계속해서 아마존 전체를 휩쓸며 산림을 파괴했다.

1995년, 외부 세계에 도움을 청하는 아추아르 샤먼들의 외침이 깊은 원시림의 한복판에서 울려 퍼지기 시작했다. 소수의 사람들이 이 외침에 응답했다. 이 외침은 전화 또는 현대 기술을 통해 울려 퍼진 게 아니었다. 꿈으로 전해진 영적 외침이었다. 나는 아추아르의 샤먼들이 자각몽을 꾸는 능력과 높은 의식 상태를 이용해 자신들의 말을 들을 준비가 된 사람들에게 꿈 메시지를 전달한 것이라고 생각한다.

린 트위스트Lynne Twist의 온라인 인터뷰에 따르면, 그녀의 아마존 프로젝트는 더 이상 그 '외침'을 부정할 수 없었을 때 시작되었다. 아추아르 사람들은 꿈을 통해 그녀를 정글로 소환했다. 꿈속에서 린은 얼굴에는 불그스름한 주황색 상징을 그리고 머리에는 화려한 띠를 두른 채 정글에서 살고 있는 사람들을 보았다. 매일 밤마다 그녀는 아르추아 부족 사람들에 대해 꿈을 꿨다.

이 꿈을 꿀 당시 린은 이 사람들이 누구인지 전혀 몰랐고 아마존에 가는 생각조차 한 적이 없었다. 그녀의 주된 관심사는 전 세계 기아 종식을 위한 자선 활동이었지 환경 보호와는 전혀 관련이 없었다.

이 꿈이 시작되었을 때 그녀는 아르추아 샤먼들이 자신에게 접촉하고 있는지 전혀 알지 못했다. 당연히 처음에는 대부분의 현대 사회 사람들이 그렇듯이 그저 꿈을 무시했다. 냉소적인 내 친구가 할 법한 말을 빌리자면, 아마 매운 피자를 너무 많이 먹었나 보다!

하지만 린은 불그스름한 주황색 상징이 얼굴에 그려진 사람들에 대해 계속해서 꿈을 꿨다. 처음에는 이들을 꿈에서만 봤다면 이후에는 깨어 있는 삶에서도 보기 시작했다. 아마 당신도 상상할 수 있겠지만, 그녀는 이 꿈속 사람들이 깨어 있는 삶에서도 보이기 시작하자 살짝 기겁하기 시작했다. 누가 안 그렇겠는가? 그녀는 자신이 헛

것을 보고 있거나, 최악의 상황으로는 미쳐가고 있다고 생각했다.

그러던 차에 친구인 존 퍼킨스^{John Perkins}가 린이 묘사하던 사람들이 아추아르 사람들임을 알아보았고, 그제야 비로소 그들은 자신들이 아마존에 반드시 가야 한다는 사실을 깨달았다. 결국 린과 린의 남편, 존, 그리고 그 외 몇몇 사람들이 아추아르 부족을 만나러 여행을 떠났다. 이 만남을 계기로 파차마마 얼라이언스^{Pachamama Alliance}가 설립되었고, 이 단체는 시작부터 아마존 정글의 막대한 숲을 살리고 보존하는 데 크게 기여했다.

나는 아추아르 사람들이 '우리 모두'가 그 부름에 응답하길 바란다고 생각한다. 아마존은 지금 우리를 필요로 한다. 모든 자연이 지금 당장 우리를 필요로 한다. 우리는 관심을 기울이고 삶의 방식을 바꿔야 한다. 비난할 대상을 정확히 집어내 본인의 환경 책임을 저버리려고 하는 사람들은 이것을 서구의 문제라고 규정해버리는데, 그렇지 않다. 이것은 전 세계의 문제다.

우리는 집단적으로 공동의 현실을 창조한다. 그렇다면 우리는 집단적으로 더 좋고 더 신성한 깨어 있는 현실을 창조할 수 있다. 평화와 건강한 지구와 더욱 다양한 공존 시스템을 상상하고 그것을 창조하기 위한 행동에 나설 수 있다. 그리고 이에 못지않게, 의도적으로 꿈을 꾸는 소그룹의 사람들이 어마어마한 변화를 일으킬 수 있다. 그들은 의도와 의지를 올바르게 사용하는 법을 알고 있기 때문이다. 집단의 선을 위한 꿈 크라우드펀딩처럼 말이다!

꿈꾸는 사람들을 일깨울 시간

나는 꿈꾸는 사람들을 일깨우기 위해 여기에 있다. 당신 역시 지금 여기서 이 책을 읽고 있는 만큼 부름을 받았다고 생각해주길 바란다. 지금까지 읽어온 이 책의 모든 장은 결국 당신에게 한 가지 사실을 일깨워주는 것으로 수렴된다. 바로 당신이 '의도적으로 꿈을 꾸는 사람이라는 사실'이다! 그러니 당신, 집단의 선善을 위한 꿈을 꾸어보지 않겠는가? 의도와 의지를 의식적으로 사용하여 인간 집단을 위해, 당신의 개인적 안녕을 위해 조화를 꿈꾸어 보겠는가? 꿈이 원대해야 삶에 대한 당신의 비전 역시 원대해질 수 있다. 우리 모두가 아름다움을 꿈꿔야 지구에 대한 비전 역시 아름다워질 수 있다.

우리가 내면에 존재하는 더 높은 차원의 힘과 연결될 때 우리는 생명 그물망 전체를 위해 꿈을 꿀 수 있다. 좀비 소비주의와 생각 없는 착란에서 벗어나 자연과 생명 그 자체와 더욱 조화롭게 살 수 있다. 이 말은 우리가 어디 야생의 동굴로 떠나 캠핑을 해야 한다는 말이 아니다. 우리는 현대 문명이라는 꿈을 집단적으로 균형 있게 꿀 수 있다. 당신은 개인적으로 혼의 길에 가장 충실한 목표를 따르면서도 동시에 집단의 안녕을 염두에 둘 수 있다. 더 나은 것을 꿈꾸는 인간의 상상력이 무한한 만큼, 우리의 꿈도 딱 그만큼 무한하다.

우리는 이것 아니면 저것인 양자택일 상황에 매몰될 필요가 없다. 나는 내 의식적인 의도를 깨끗한 공기, 건강한 물, 풍요로운 자연과 동물, 더 깊은 연결감과 커뮤니티의 성장에 두고 싶다. 우리가 주의를 보내는 곳에 변화가 생긴다. 우리는 자기만의 곡조를 부르면서도 모든 목소리가 하나되었을 때 화음이 어우러지는 멜로디를 추구할 수 있다. 기억하라, 우리는 특정 현실을 스스로 불러들인다. 그래서 어떤 의도를 갖느냐가 정말로 중요하다. 당신은 당신의 의도를 어떻게 사용할 것인가?

꿈꾸는 사람들에게 귀 기울이기

꿈에서 나는 공중에 뜬 채로 떠다니고 있다. 이 공중부양을 계기로 내가 꿈을 자각하리라 생각하겠지만, 아니다. 나는 내가 꿈을 꾸고 있음을 여전히 알지 못한다. 나는 가부좌를 튼 채 역시 공중에 떠 있는 두 남자 쪽으로 둥둥 떠간다. 내가 두 사람 앞에 도착하자 이들은 움직이는 것을 멈추고 공중에서 편안하게 균형을 잡는다.

그들은 내게 내가 쓴 꿈 책이 좋았으며, 자각몽의 세계는 그 이전까지 쓰인 어떠한 책도 다 담지 못할 만큼 무궁무진하다는 사실을 기억해야 한다고 말했다. 그런 뒤 그들은 내게 이 메시지를 주었다. "꿈을 꾸는 것은 여러 면에서 결국 더 잘 듣는 법을 배우는 것이다." 그들은 내게 잠에서 일어나 이 꿈을 기억한 뒤 사람들에게 메시지를 전하라고 말했다.

나는 일어났다.

꿈의 역설은 환상이라는 꿈의 바로 그 속성을 통해 물질적 환상으로부터 해방된다는 점이다. 언제나 꿈은 훨씬 더 큰 그림의 진실에 대해 얘기한다. 그런 만큼 모든 꿈 작업은 영과 본인의 정신의 말에 더 잘 귀 기울이는 법을 배우는 게 관건이다. 꿈의 가이드를 듣는 법을 배우면 삶에서 어떤 방향으로 움직여야 하는지 알 수 있다. 당신보다 훨씬 더 큰 근원으로부터 가이드를 받기 때문에 당신의 진북(true north)을 향해 나아갈 수 있다.

지성으로는 끝내 설명되지 않고 심지어 알 수 없는 것들이 있다. 이것은 가슴을 통해서만, 내면의 세계를 통해서만, 우리가 잘 때 깨어나는 바로 그 감각을 통해서만 알 수 있다. 이 감각은 꿈 세계와 물질 세계를 나누는 지각의 베일이 얼마나 얇은지를 자명하게 드러낸다. 우리는 밤마다 꿈을 꾸며 우리가 무한한 의식의 일부임을 기억해낸다.

우리 대부분은 너무 바빠서 자신이 고요함에 젖어 드는 것을 허락하지 않는다. 하지만 꿈의 여정에서와 마찬가지로, 그 고요함 속에서 우리는 무한한 의식과의 연결성을 발견한다.

내가 꾼 꿈들은 이 메시지를 거듭해서 강조한다.

꿈에서 나는 정신이 산만한 채로 무언가를 찾아 헤매지만 그걸 찾기란 요원하다. 그 '무언가'가 무엇인지 나도 잘 모르겠지만 왠지 그것을 찾아야 한다는 생각에 쫓긴다. 나는 이리저리 찾고 또 찾지만 발견할 수가 없다. 베개 밑도 뒤져보고, 서랍도 열어보고, 심지어 침대 밑도 본다. 꽤 오랜 시간이 흐른 것 같은 기간 동안 나는 집 안 구석구석을 다니며 찾았다. 부아가 치민 나는 마침내 마음을 내려놓았고, 바로 그때 그것을 보았다. 아니, 그것을 느꼈다. 창문으로 쏟아지는 태양을. 빛의 물결 속에 모든 게 잠겼고 나는 잠에서 깼다.

우리 모두 손에 잡히지 않는 무언가를 찾고 있지 않나? 우리는 자신에게 필요하다고 생각하는 것을 찾기 위해 이것저것을 뒤적인다. 대개는 그 무언가가 자기 외부에 있다고 믿으면서.

우리는 찾는 행위 자체에 몰두한다. 사실은 그냥 멈춘 채 내면의 빛이 발하는 광휘에 몸을 맡기기만 하면 되는데 말이다.

그러니 사랑하는 독자 여러분, 이 책을 마무리하며 당신에게 묻는다. '지금'이… 그럴 때가 아닐까요?

저와 이 책을 믿어주신 편집자 사라 카더에게 깊은 감사의 말을 전합니다. 세심한 도움과 배려를 아끼지 않으셨던 레이첼 아요티에게도 진심으로 감사드립니다. 콜린 오셰, 이 책을 집필하는 과정에서 당신의 지원과 가이드로부터 큰 도움을 받았습니다. 감사합니다. 그리고 사빌라 칸, 진심 어린 감사의 말을 그대에게 전합니다.

그리고 빅토리아 아다모, 알렉스 케이스먼트, 사라 존슨, 앤 코스모스키, 케이시 멀로니(그리고 타처페리지의 팀원 모두), 당신들은 모두 최고예요!

제가 이 여정을 걸어오는 데 지금까지 도움을 주신 제 모든 가이드와 선생님들, 감사합니다. 어머니와 아버지, 저에게 보내주신 당신들의 모든 사랑과 지원에 감사드려요. 너무 멋진 내 남편 — 당신은 내 삶의 빛이야. 당신의 흔들리지 않는 굳건한 사랑과 지원에 감사드립니다. 마리아와 조지, 모든 게 감사할 뿐입니다. 믹과 글렌다, 당신들이 보여주시는 친절한 격려와 지지에 언제나 감사합니다. 카렌, 당신의 솔직한 피드백과 우리의 우정에 감사합니다. 그리고 마지막으로 모든 꿈꾸는 분들, 꿈이 가진 힘을 믿어주셔서 감사합니다.